UI 设计与互动传播

主　编　王彬彬　向承才　刘平平
副主编　张元朴　田锌洋　王笑颜
　　　　温　愉

北京理工大学出版社
BEIJING INSTITUTE OF TECHNOLOGY PRESS

内 容 提 要

"UI 设计与互动传播"是广告学、传播学、平面视觉传达设计、数字媒体等相关专业的主干课程之一。本书共 8 章，包括 UI 概论、UI 设计师的职业发展、UI 界面的规范、UI 界面的图标设计及其规范、界面基本组成元素设计、不同平台的 UI 整体界面设计、UI 设计中的视觉表现、UI 设计的用户研究等内容。

本书可作为高等院校本科新闻传媒类、设计类专业的教材，还可供 UI 设计领域从业人员参考。

版权专有 侵权必究

图书在版编目（CIP）数据

UI 设计与互动传播 / 王彬彬，向承才，刘平平主编. -- 北京：北京理工大学出版社，2023.4
  ISBN 978-7-5763-2278-1

Ⅰ.①U… Ⅱ.①王… ②向… ③刘… Ⅲ.①人机界面—程序设计—高等学校—教材 Ⅳ.①TP311.1

中国国家版本馆 CIP 数据核字（2023）第 063976 号

出版发行 / 北京理工大学出版社有限责任公司
社　　址 / 北京市海淀区中关村南大街 5 号
邮　　编 / 100081
电　　话 / （010）68914775（总编室）
　　　　　（010）82562903（教材售后服务热线）
　　　　　（010）68944723（其他图书服务热线）
网　　址 / http：//www.bitpress.com.cn
经　　销 / 全国各地新华书店
印　　刷 / 河北鑫彩博图印刷有限公司
开　　本 / 787 毫米 ×1092 毫米　1/16
印　　张 / 8　　　　　　　　　　　　　　　　　　责任编辑 / 李　薇
字　　数 / 196 千字　　　　　　　　　　　　　　　文案编辑 / 李　硕
版　　次 / 2023 年 4 月第 1 版　2023 年 4 月第 1 次印刷　　责任校对 / 刘亚男
定　　价 / 98.00 元　　　　　　　　　　　　　　　责任印制 / 李志强

图书出现印装质量问题，请拨打售后服务热线，本社负责调换

前言 Foreword

　　UI是User Interface的缩写，UI设计是对人机交互、操作逻辑、界面美观的整体设计，UI通常分为实体UI和虚拟UI。

　　正如我们生活中经常见到的各类机器，为了让它们能"听懂"人类的指令，人们发明出各种按钮、旋钮、滑钮、操纵杆、显示屏、端口来操控机器，与机器交互。它们是人类从工业时代开始，人机之间的重要交互方式，也是最早的实体UI。人们通过机械结构或电子线路来设计它们，目前依然广泛存在于我们所生活的时代，例如，汽车中控的各种按钮、单反相机或游戏鼠标中各类按钮、拨轮的排布都是实体UI。它们操作起来快速、简单，好的实体UI设计符合人类的身体特点和操控直觉，其中包含大量的机械和人机工程学知识。

　　与实体UI相对应，互联网常用的UI设计是虚拟UI。随着第一台微型计算机、显示屏和图形界面操作系统的出现，虚拟UI登上历史舞台，它们脱胎于实体UI的人机交互体验，依然保留了按钮、滑块这类在实体UI中人们所熟知的设计形式，使人们不必使用代码和命令行就可以快速上手。UI设计这一学科也应运而生，操作系统的UI设计便是这一学科早期的重要应用。2007年1月9日，苹果公司（Apple Inc.）发布了iPhone，它的出现刷新了人们对于人机交互方式的认知。iPhone抛弃了以往手机造型中的大量机械按钮，采用一块超大的多点触控显示屏，用户只需要动动手指就可以实现丰富的操控功能，极大地提高了人机的交互体验，智能手机也迅速取代功能机，成为未来手机的发展方向。目前iOS、安卓和鸿蒙等智能手机平台可以下载到数百万的App，任何人只要使用代码，设计UI封装后就可以把自己的App上传到这些平台。随着移动互联网终端的发展，App、手游等领域的初创企业不断涌现，与此同时，实体UI也面临逐步被替代的命运。例如，在新能源汽车生产领域，电子操控大屏逐步取代实体按钮已经成为主流。

UI设计就像一个实体产品的造型设计一样，是产品的重要卖点之一。随着产品的人性化意识日益增强，一个友好、美观、操作方便的界面更容易拉近人与产品的距离。党的二十大报告指出："教育、科技、人才是全面建设社会主义现代化国家的基础性、战略性支撑。""深入实施科教兴国战略、人才强国战略、创新驱动发展战略，开辟发展新领域新赛道，不断塑造发展新动能新优势。"UI设计人才的培养对于科教兴国战略具有重要意义，通过加大对UI设计人才的培养和支持，可以提高我国数字经济的发展水平和国际竞争力，同时也可以为科技创新和经济发展注入新的动力与活力。近年来，互联网、物联网、5G、人工智能和大数据的发展，VR虚拟现实和元宇宙时代的到来，未来几乎所有产品都需要UI设计，UI设计人才的培养也是提高国家综合实力的重要途径之一。

本书所探讨的UI设计为虚拟UI设计，主要包括三个部分：界面设计、交互设计、用户研究。本书以应用型人才培养为出发点，参考了其他相关教材、文章，介绍了不同平台的设计标准、UI设计的方法与理论知识，系统阐述了UI设计的相关概念、设计规范、视觉表现和用户研究，同时对UI设计师的职业素质和职业发展进行了介绍。

本书由辽宁工业大学王彬彬、向承才，辽宁科技学院刘平平担任主编；辽宁工业大学张元朴、田锌洋、王笑颜、温愉担任副主编。本书的具体编写分工：张元朴编写第一章、第二章，王笑颜编写第三章，田锌洋编写第四章，王彬彬编写第五章，温愉编写第六章，向承才编写第七章，刘平平编写第八章。

本书为辽宁工业大学立项教材，辽宁工业大学教材出版基金对本书的出版给予了资助，在此表示衷心的感谢！

由于编者水平有限，书中难免存在不足之处，恳请广大读者批评指正。

编 者

目录 Contents

第一章　UI概论 / 1

第一节　UI的概念 / 1
第二节　UI设计的分类与常用软件 / 8
第三节　图形图像的基本概念 / 14
第四节　学习UI设计的方法 / 18

第二章　UI设计师的职业发展 / 20

第一节　UI设计师的职业素质 / 20
第二节　UI行业的职业分类与职业发展 / 24

第三章　UI界面的规范 / 27

第一节　常用单位介绍 / 28
第二节　移动界面尺寸规范 / 31
第三节　移动界面字体规范及注意事项 / 34

第四章　UI界面的图标设计及其规范 / 39

第一节　图标设计的基本理论 / 39
第二节　icon的设计规范 / 44
第三节　扁平化图标设计 / 48
第四节　拟物化图标设计 / 50

第五章　界面基本组成元素设计 / 52

第一节　UI界面的原型设计 / 52
第二节　UI界面的常用控件元素设计 / 64

第六章　不同平台的UI整体界面设计 / 73

第一节　手机主题界面设计 / 73
第二节　计算机界面设计 / 81
第三节　可穿戴式设备界面设计 / 87
第四节　车载UI界面设计 / 91
第五节　智能家居UI界面设计 / 94

第七章　UI设计中的视觉表现 / 96

第一节　UI设计中的视觉元素 / 96
第二节　UI设计中的视觉元素布局 / 101

第八章　UI设计的用户研究 / 110

第一节　用户画像 / 110
第二节　准备工作 / 111
第三节　使用场景 / 112
第四节　操作手势 / 113
第五节　用户认知因素 / 114
第六节　用户认知与图标隐喻的关系 / 116
第七节　情感化设计 / 117
第八节　UI交互八原则 / 118

参考文献 / 121

第一章 UI概论

互联网与新媒体技术的发展，促进了传播关系的平等与自由化。在"注意力经济"时代，有限的用户（受众）成为媒介市场争先抢夺的对象，而UI的作用正是在产品与用户之间架起一座艺术与科技相互融合的沟通桥梁，从而为用户带来简约、易用和亲切的设备操作体验。

设计学与理、工、文、管理等学科均有着密切的联系，其出发点和落脚点在于通过成品输出对社会、经济、环境和伦理等问题作出有效且可行的回应，并助力将一个更美好的世界呈现在人类眼前。21世纪，UI设计作为众多设计实践里的设计类别之一，其已经介入到人们的生活、工作和娱乐等方面。无论是硬件层面的计算机、手机和智能穿戴等设备中的屏显界面，还是软件层面的微信、微博和淘宝等App中的内容界面，都与UI设计息息相关，而UI成品的质量将直接影响用户的产品使用体验，其重要程度不言而喻。

本章将重点论述UI设计的基本知识，即阐述UI的基本概念、UI设计的分类与常用软件、图形图像的基本概念和学习UI的方法等内容。

第一节 UI的概念

UI设计作为一个新兴的设计类别，目前在设计史里还没有独成一派，其在高等院校中也仅仅只是作为一门课程而存在。学习UI的基本概念、发展历史和主要内容，有助于学习者吸取和借鉴过去的经验，并由此推动UI的理论与实践不断向前发展。因此，作为UI的学习者，了解其基本概念、历史脉络和重点实践内容显得至关重要。本节将分别对UI设计的定义与目的、UI设计的历史和UI设计的四个主要内容等进行阐述。

一、UI设计的定义与目的

1. UI设计的定义

UI（User Interface，UI）设计，译为"用户界面设计"，其是指专门对软件界面的人机互动和协同进行研究、规划、设计，通过实现软件的应用价值来满足人类生产和生活需求的一门新兴的设计类别。

UI设计实践主要由用户需求调研、实施交互设计和界面设计三部分组成。首先，UI设计师要通过调查了解用户的产品使用要求、使用过程、使用环境和使用习惯，并在对用户需求调研的基础之上决定UI设计的方向；其次，UI设计师要进行人机之间的交互程序设计，这个部分通常由软件程序员完成，其目的在于使用户界面亲切、易学、易用和易理解；最后，需要进行界面设计，这是产品的重要组成部分。

2. UI设计的目的

通过UI界面设计，不仅可以彰显用户界面的个性和品质，还能给用户带来操作体验上的改变。通常将从事这一专业的工作者称为UI设计师（或UI工程师）。可以说，UI设计是为用户而进行的一种设计工作，UI设计师需要以用户为中心持续地对用户界面进行优化和改进，以确保输出的成品符合用户的使用需求，并充分凸显出软件的定位及其特点。

二、UI设计的发展历史

UI设计的发展历史至今不到半个世纪，其最初被应用于工业领域。伴随着互联网与新媒体技术的蓬勃发展，当数字化、网络化的产品以各种方式渗透进人们的生产和生活中时，UI设计的重要性也得以凸显。目前，虽然国内并没有单独开设UI设计这一专业的高校，但不可否认的是，这一课程已逐渐受到不少院校的认可。在"数字化生存"环境之下，UI设计的发展得以逐渐走向专业化和规范化。本书以计算机和手机的系统界面发展为主线，将UI的视觉风格发展分为单色像素风格、拟物化风格和扁平化风格三个时期阶段。

1. 单色像素风格时期

1969年诞生的互联网不仅方便了人们的生活与生产，而且带来了人机交互思想。1973年，施乐公司发明的个人"计算机"奥托（Alto）标志着第一代图形用户界面（GUI）问世，其较好地解决了命令行界面操作门槛较高的问题，在后面的几十年里，奥托仍然极大地影响着个人"计算机"设计的走向。1983年，苹果公司推出的Apple Lisa个人计算机是全球第一款搭载图形用户界面（GUI）的个人计算机，同时其也被认为是"UI设计"的开端，因为此时的苹果公司已经有意识地为用户的操作体验而进行针对性的设计（图1.1.1）。1984年，苹果公司推出了个人计算机所搭载的System Software系统（Mao系统的前身），正式将UI设计呈现在人们的视野前。1985年，微软推出的Windows1.0操作系统也是早期的UI设计。

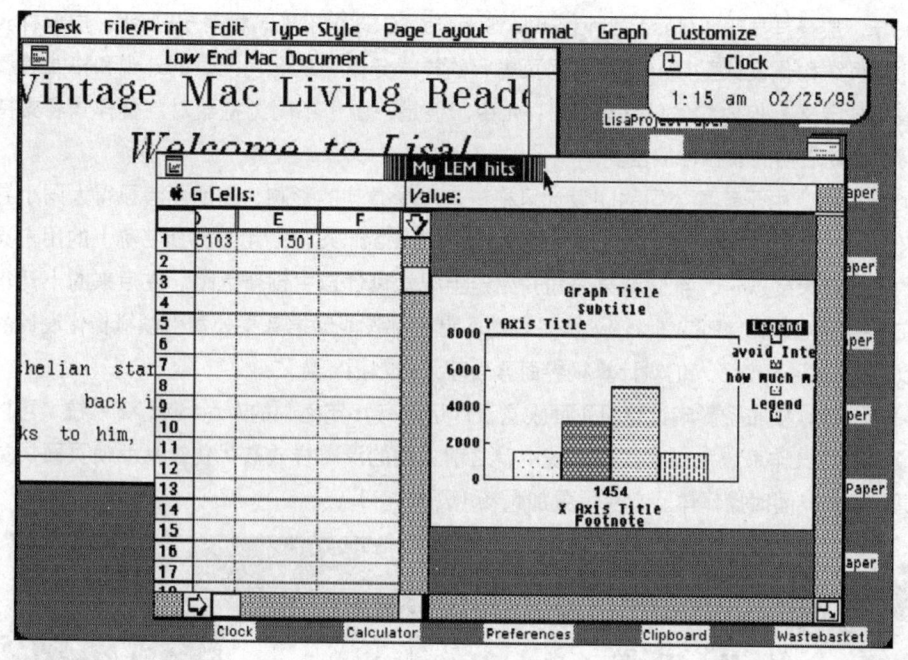

图1.1.1　Apple Lisa的用户界面

此时期的UI设计虽然看起来并不复杂多样，但是像苹果公司创造的文件夹拖动、微软创造的开始按钮等设计在当时看来是震惊世界的存在，这为后来UI设计的发展奠定了良好的基础。此时，苹果公司的Mac和微软的Windows系统还没有得到普及，大多数的计算机显示屏仅能显示单色的像素。由于当时的互联网技术并不发达，在网页设计里并没有多媒体图像内容，仅有单色像素风格的纯文字，网页设计仅仅意味着符号的排列组合。与此同时，UI设计也还没有形成一个行业，其工作基本都是由计算机工程师顺带完成的。

2. 拟物化风格时期

拟物化设计风格是借助目前已有的相关实体进行设计，在设计的过程中将用户体验不到的实体功能利用UI的设计进行展现，从而使用户获得亲切、质感和立体感的操作体验。1990年，微软的Windows 3.0系统中出现的浮雕和阴影等页面元素，标志着拟物化视觉设计开始出现。1995年，微软推出的Windows 95在系统界面美化和用户操作体验方面均好于Mac，该系统在体积和光影层面应用了浮雕凸起和凹陷等视觉效果，但没有在质感和材质上对拟物风格进行深入研究。同年，JavaScript的诞生完善了原始HTML（静态的网页）的一些局限性。在当时，背景图像、GIF动画、闪字和计数器等工具迅速成为网页的必需元素，这为UI设计在网页中带来了更多的可能性。与此同时，计算机也开始逐步地走进人们的生活之中。

1996年，Flash技术的出现为网页开发者和设计师带来了前所未有的自由，其能为原本静态的网络带来更多的色彩和动画，但其使用体验不是特别友好，因为用户需要安装插件并待Flash加载完成才可进行内容浏览，且该过程需要消耗大量的计算机运算能力。随着新技术的出现，苹果公司于2007年彻底放弃了Flash技术，微软也于2020年年底从Windows系统中清除了Flash Player插件，至此，曾经红极一时的Flash在网页设计领域走向淘汰。

1998年，层叠样式表（Cascading Style Sheets，CSS）出现。相对于Flash，层叠样式表是一个更好的网页结构化设计工具。其可将网页内容的样式分离，从而使网页的外观和格式等属性在层叠样式表中被定义，但内容依然保留在HTML中。但是，由于不同浏览器对层叠样式表支持程度不一，因而导致其最初的兼容性很差。

2000年以前，由于苹果公司的UI设计风格一直深受微软的影响，因而两者显得大同小异、创新点少之又少。2000年，苹果公司推出一个名为Aqua（Mac OS X的用户界面名称）的用户界面，其因精良的设计而大受欢迎，至此苹果公司开始走上视觉设计自主创新之路。在后来的十几年里，包括微软在内的Windows XP和Windows 7系统的问世也都没能动摇苹果公司引领拟物化设计的龙头地位。可以说，Aqua改变了人们对计算机界面素面朝天的刻板印象。

2001年，微软发布了影响计算机页面视觉设计足足有15年之久的Windows XP系统，可以说，其是微软最成功的操作系统之一。在该系统中，之前生硬的浮雕样式被优化，从而使页面视觉元素效果变得更加柔和，同时操作体验也变得更加顺畅（图1.1.2）。

图1.1.2 Windows XP的系统界面

2008年，苹果公司将iPhone runs OS X和iPod touch统称为iPhone OS。后由于苹果公司旗下的iPad、iPhone和iPod touch都使用了iPhone OS，所以苹果公司于2010年在全球开发者大会上宣布将iPhone OS改名为iOS。iPhone OS有基于OS X 的用户界面，按键设计与 Aqua 的相同，列表滚动与iPod相似，该界面风格影响了后来5年的移动互联网UI设计风向。同年，谷歌发布了首部搭载

Android系统界面的智能手机，并被逐渐应用到平板计算机、电视、数码相机、游戏机、智能手表和智能眼镜等设备上。

值得一提的是，在扁平化风格盛行的2013年，锤子科技发布了Smartisan OS（图1.1.3），其逆势般的拟物化回归在UI设计行业引发了广泛的关注。

图1.1.3　Smartisan OS的系统界面

3. 扁平化时代的到来

扁平化设计可以追溯到瑞士国际平面主义风格，瑞士平面主义大师艾米尔·路德（Emil Ruder）认为，视觉传达设计应该在功能与形式之间寻求平衡，文字与版式设计既要有传达信息的功能，也要传达视觉审美意义，达到功能与形式的高度统一。扁平化设计是指应用简单的装饰和元素进行设计，其具有边界自然、颜色饱和、界面简洁美观、高效易用等特点。例如，2010年，微软与诺基亚合作推出了基于Windows CE内核的Windows Phone 7（移动操作系统），该系统采用了一种被称之为Metro的用户界面，标志着扁平化设计风格问世。在Windows Phone 7上，没有了图标的细节与阴影，简单的方格状色块与无衬线字体的简约界面能实时地将重要的信息内容呈现在用户眼前，但由于Windows Phone断代升级，以及应用生态和产业链生态等原因，微软在发布了Windows Phone 8和Windows 10 Mobile两个大版本后，曾经带给用户一系列前卫操作体验的微软移动操作系统逐渐淡出了人们的视野。

2012年，微软取消了经典主题及Windows 7和Windows Vista的Aero效果，将Metro UI也使用在了新发布的Windows 8中，但是Windows传统界面依旧存在。如图1.1.4所示为Windows 8的用户界面。

2010年，小米公司发布了一个名为MIUI的手机操作界面，至今其在UI设计中仍然有着重要的影响力。

2011年，Android 3.0和4.0系统也开始有了扁平化的趋势。

2012年，魅族公司发布了一个名为Flyme的手机操作界面（图1.1.5），并在后来的近十年里仍然影响着国内的移动互联网设备UI设计风格。

2013年，苹果公司发布了广受关注的iOS7。该系统界面一改以往的拟物化风格，去掉了投影等过时元素，将简约、动感和时尚的全新扁平化设计呈现在人们的眼前。

图1.1.4　Windows 8的用户界面　　　　　　　图1.1.5　Flyme早期的用户界面

4. UI设计的发展现状与未来发展趋势

（1）UI设计发展现状。UI设计属于第三产业中的高科技设计技术产业，其对一个产品能否取得用户和市场认可有着重要的影响。一个好的UI设计，不仅可以使产品的用户获得视觉上的愉悦，而且能给用户带来舒适和简易的操作体验，从而拉近机器与用户的距离。如今，无论是大型企业还是中小型企业都格外重视用户与产品的关系，而这背后有着大量UI设计人才需求。据腾讯发布的《2022互联网新兴设计人才白皮书》指出，在数字化时代，以数字技术为依托的新兴设计正逐步从互联网领域向其他细分行业领域渗透，新兴设计的价值正被广泛接受。

由于岗位的专业化、精细化发展，目前的设计职位细分很多，但按大方向主要分为视觉设计类、游戏设计类、品牌运营设计类和交互产品用户研究类，而UI设计师的薪资待遇与其工作岗位、从业年限和企业规模等因素密切相关。

（2）未来趋势。从最开始的简单文字界面到丰富多彩的图文界面，UI设计风格在不断地更新变化。随着人们的物质和精神需求的不断提高，以及人们对固定设备和移动设备操作系统及软件的了解，UI设计的风格也将紧随用户的审美变化及互联网时代的发展而变化。

在新通信技术的强大赋能及数字产品形态多样的环境之下，未来UI设计将以3D空间UI为导向，并主要体现在全息投影交互技术、可穿戴设备、远程控制、3D打印技术、智能机器人技术、智能虚拟货币、运动感应技术、多功能眼镜技术、智能医疗、云端制造、元宇宙、立体农场和无人驾驶等领域，而这些都是需要界面设计的全新领域。

三、UI设计的主要内容

UI设计有着规范的实践流程，其主要由用户需求调研、信息结构设计、交互设计和视觉设计等四个内容组成。

1. 用户需求调研

用户需求调研是指通过各种方式对用户的功能需求和使用需求进行调查研究，其中功能需求主要是指用户对产品的性能和功能等方面的需求，而使用需求通常主要是指用户对产品的可用性和易用性等方面的需求，调研的目的是系统且客观地收集用户建议、意见和其他相关数据，最终形成的调研报告可为UI设计决策做准备。为了满足用户的产品使用体验，UI设计师应做到以用户为中心，为消除人机交互的陌生感和距离感而不断努力。

用户体验（User Experience）是指用户使用产品过程中的主观感受，由于其贯穿于整个UI设计之中，所以被称为"用户体验设计"（User Experience Design）。UI设计师需要考虑产品在与用户接触时，该怎样去"接触"？怎样去使用？用起来到底难不难？是不是非常容易学会？使用起来的感觉会是怎样？也就是说，在UI设计的过程当中，设计者应注重产品的逻辑性、直观性、易用性、美观性和情感性。

一个UI设计项目在开发与启动之前，UI设计师需要明确项目的目标及目标用户的相关特征和喜好。设计人员通过邀请用户进行产品体验测试，可以得知UI设计项目的可行性和可用性程度，并以此确定UI设计项目的目标。

目前研究用户体验的方法有很多种，其中最为常用的有文献法、问卷法、访谈法和焦点小组法等。一般来说，产品的复杂程度与用户体验的接受程度往往成反比，产品设计过程的每一个功能或步骤都会对用户体验产生重要的影响。因此，UI设计师注重用户体验的程度对最终的成品是否能被用户和市场所接受有着密切的关系。

2. 信息结构设计

功能梳理通常是展开用户界面设计工作的第一步，如果梳理分类在这个时候不合理，那么寻找用户需求的过程将会变得困难重重，而进行信息结构分类工作有助于UI设计师将所有的信息进一步条理化和逻辑化。界面结构设计也被称为概念设计（Conceptual Design），其主要用于设计用户如何到达某一页面及操作之后的去向。通过用户研究及任务分析，可以制定出产品整体的架构模式。界面结构设计强调用户界面元素的模式与顺序，在结构设计过程中，需要实施组织管理和分类排序工作。

纸质的低保真原型（Paper Prototype）是未成形的设计稿图，使用该稿图开展"机器人测试"可使设计方案变得更加完善。Balsamiq Mockups是许多互联网公司设计工作人员经常使用的低保真原型图绘制软件，该软件由Balsamiq工作室推出，团队或客户会以你的低保真原型作为最终设计。

3. 交互设计

交互设计（Interaction Design）是指对多个互动的个体之间交流的内容和结构进行定义，并使之互相配合，从而形成有效的交互方式，让UI界面变得更加顺手易用。完成信息结构分类之后需要建立通道，使用户可以方便、快捷地找到自己想要的东西，而这个通道往往就是交互设计。交互设计主要关注用户可能的行为，并为用户解决找到目标和完成任务这两个方面的操作问题。通道往往在设计中起到界面设计导航的作用，因为界面设计的原则一般都是要让用户明白自己所处的位置，如用户向前走通向何处、向后退又会通往何处。

产品使用功能的设计十分重要，而产品使用功能的实现一般都是通过交互设计来完成的，当一个产品未能达到使用功能指标时，那么其他的设计往往也就不那么重要了。例如，手机不能打电话、相机不能拍照、智能手表不能看时间等情况。产品使用功能的设计还应以用户为中心，针对不同的用户需求，进行个性化的设计来满足用户的使用需求。

4. 视觉设计

在UI设计中，视觉设计是指对视觉表现的方式进行设计研究，以便使用户高效、便捷地获取信息内容，并让用户在心中留下深刻、美好的印象，其主要内容通常包括色彩、图标、字体、图形和动态效果等元素，设计师通常需要参照用户对象的心理模型与任务要求进行设计。

那么，什么样的视觉设计才能获得用户的喜爱呢？面对这个问题，不同的用户群体会有不同的见解，因为用户的审美品位与审美偏好有所差异。但可以确定的是，好的视觉设计会让用户在看到之后便想要使用它。

第二节　UI设计的分类与常用软件

UI设计师的日常主要有界面设计、图标设计、切图和标注等工作内容，常见的软件工具主要有Adobe Photoshop、Adobe Illustrator、Adobe After Effects、PS Play、Cinema 4D、Sketch和Adobe XD等，UI设计师可结合自身的使用需求和设备情况选择适合的软件工具。本节将对UI设计的类型和常见软件工具进行阐述。

一、UI设计的分类

在高速发展的信息时代，人们对信息量的需求不断增加，形式不一的传播媒介也将图形界面设计进一步细分。当前，UI设计主要可分为以手机为代表的移动端UI设计、网页UI设计、游戏界面设计等类型。不同的界面设计类型，其风格和特点也各不相同。

1. 以手机为代表的移动端 UI 设计

在"数字化生存"的环境之下，手机、平板计算机、智能穿戴等移动互联网设备与人们的生活和生产密切相关，在日常生活、工作和学习中扮演着重要的工具角色。移动端UI设计主要为手机、平板计算机、智能手表等移动互联网设备的系统界面和其他软件界面进行人机交互、操作逻辑、界面外观等一系列整体设计。该UI设计类别不仅需要体现出其人性化的一面，而且还应考虑到易用与美观的程度。如图1.2.1所示为华为的部分产品设备界面。

2. PC 端 UI 设计

PC（Personal Computer）端UI设计主要对用户计算机里的所有可操作界面进行人机交互、操作逻辑和界面外观等一系列整体设计，包括系统界面、软件界面和网站界面的设计，目前主流的设计平台是Mac和Windows。由于信息传播载体的不同，PC端的UI设计和移动端的UI设计在屏幕尺寸、设计规范、交互设计等方面会有所差异。PC端UI设计，一般应具备简易性、统一性、创意性、灵活性、安全性和人性化等要素，以便更好地帮助用户进行信息的阅读与检索。如图1.2.2所示为联想的ThinkPad系列计算机界面。

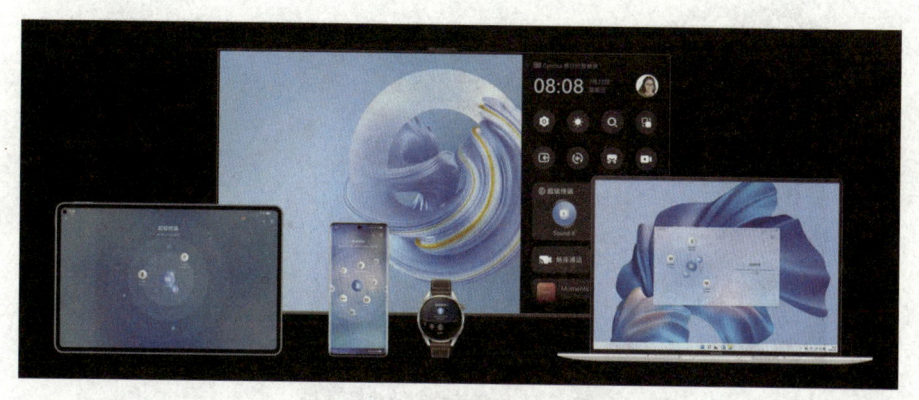

图1.2.1　华为的部分产品设备界面

图1.2.2　联想的ThinkPad系列计算机界面

3. 游戏UI设计

随着人们物质生活水平的不断提高，精神文化需求被进一步凸显，在这样的背景之下，我国的游戏产业进入了高速发展时期。相对于其他类型的软件界面而言，游戏界面具有更为丰富的界面设计、鲜明的主题和三维效果的应用，因而游戏界面往往拥有强悍的视觉震撼力。好的游戏UI设计能有效缩短游戏与玩家的距离，带领玩家进入身临其境的游戏氛围。如图1.2.3所示为王者荣耀的游戏界面。

4. 其他UI设计

在新兴技术的加持下，近年来，以数字技术为依托的新兴设计正逐步从互联网领域向其他细分行业领域渗透，新兴设计的价值正在被广泛接受。除上述几种UI设计类型外，在智能驾驶、家用电器和自助服务等领域中的终端设备也同样需要用到UI设计，如车载系统、智能电视和电影自助取票机等设备的用户界面。据腾讯发布的《2022互联网新兴设计人才白皮书》显示，目前，实体行业对新兴设计人才的需求正在不断增加。2022年约有12%的人才需求来自实体行业，较2020年和2021年呈增长趋势。如图1.2.4所示为吉利汽车的图形用户界面。

图1.2.3　王者荣耀的游戏界面

图1.2.4　吉利汽车的图形用户界面

二、UI设计的常用软件

设计软件作为实现创意和想法的工具，UI设计师需要具备相应的软件使用技能。目前，市面上的UI设计软件多种多样，选择使用何种设计软件取决于UI设计师的使用需求和设备情况，并非一定要把所有的界面设计软件都学得非常精通，但常用的几个界面设计软件需要熟练掌握。下面将对常见的设计软件进行简单的介绍。

1. Adobe Photoshop

Adobe Photoshop（简称PS），是一款由美国Adobe公司开发的老牌图形图像处理软件，其主要处理以像素构成的数字图像。Adobe Photoshop的应用领域十分广泛，几乎各种设计行业在进行图形图像处理时都会用到。Adobe Photoshop可以满足UI设计师日常的设计需要，是许多专业UI设计师首选的软件工具之一。Adobe Photoshop操作界面如图1.2.5所示。

2. Adobe Illustrator

Adobe Illustrator（简称AI），是由美国Adobe公司推出的矢量图形设计软件，其主要应用于编辑出版、海报制作、插画设计、多媒体图形图像处理和互联网页面制作等领域。Adobe Illustrator可以为线稿提供较高的精度和控制，适用于任何小型设计到大型的复杂项目。作为UI设计的主要工具之一，可以用它来进行线性图标、扁平图标和复杂图标的高分辨率线稿设计工作。Adobe Illustrator操作界面如图1.2.6所示。

图1.2.5　Adobe Photoshop操作界面

图1.2.6　Adobe Illustrator操作界面

3. Adobe After Effects

Adobe After Effects（简称AE）是由美国Adobe公司开发的图形视频处理软件，其可用于实现视频特效的效果设计。通过使用Adobe After Effects，可以对App的交互和动效界面进行展示，从而起到增强作品感染力的作用。Adobe After Effects操作界面如图1.2.7所示。

图1.2.7　Adobe After Effects操作界面

4. Cinema 4D

Cinema 4D（简称C4D）是由德国Maxon Computer于1991年推出的非传统3D创作软件（最初被命名为Fast Ray）。C4D较为注重工作流程的流畅性、舒适性、合理性、易用性和高效性，因而设计师在使用C4D进行创造时会感到非常舒服。与此同时，C4D具有简单易上手的特性，因而很多UI设计师在构建三维场景时会首选C4D软件进行创作。C4D软件界面如图1.2.8所示。

图1.2.8　C4D软件界面

5. Sketch

Sketch是由Bohemian Coding公司于2010年推出的矢量设计工具，具有轻量和易用的特点，设计师可以使用该软件进行图标设计和界面设计。Sketch软件易于使用者理解，而且操作容易上手，有经验的设计师花上几个小时便能将自己的设计技巧在Sketch中自如应用。但遗憾的是，该软件目前只能在Mac平台上使用。Sketch软件界面如图1.2.9所示。

图1.2.9　Sketch软件界面

6. Adobe XD

Adobe XD是美国Adobe公司于2016年推出的轻量级矢量绘图软件，是综合性的UI设计软件，用户可以使用该软件为App、网站和游戏的界面进行设计工作，高效准确地实现静态编译或框架图到交互原型的转变。Adobe XD作为一款应对移动界面设计兴起而出现的软件，其具有体积小、启动速度快、功能简单和操作简易等特点。Adobe XD软件界面如图1.2.10所示。

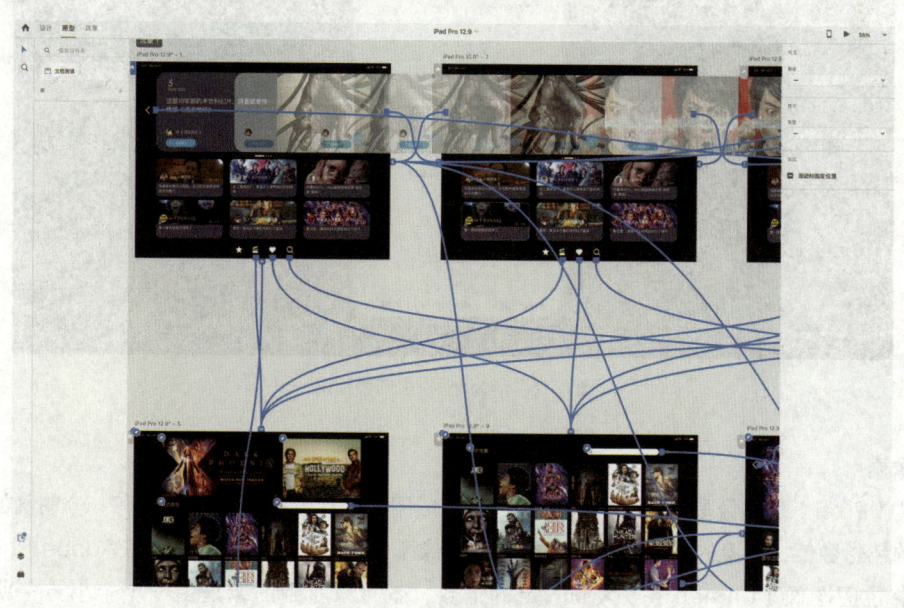

图1.2.10　Adobe XD软件界面

第三节　图形图像的基本概念

图形图像是传递信息内容的主要媒介之一，UI就是通过图形图像的形式与用户进行交互。可以说，掌握屏幕显示与图形图像的相关知识是做好数字媒体艺术设计工作的必备基础。本节将对屏幕尺寸、色彩模式、网点密度与像素密度和图形图像的文件格式等内容进行阐述。

一、屏幕显示的相关概念

1.英寸

英寸（Inch）是一种英制的长度计量单位，是指屏幕的对角线长度（符号为""）。1英寸等于2.54厘米，这一长度计量单位在工业领域被广泛使用。例如，华为推出的P60手机屏幕尺寸为6.5英寸（图1.3.1）；联想公司推出的ThinkPad X1 Carbon笔记本计算机尺寸为14英寸。

图1.3.1　华为P60手机的显示屏

2.像素

像素（Pixel）是图像基本的采样单位，是指组成图像的元素，这些元素都有一个明确的位置和被分配的色彩数值，元素的颜色和位置可以决定图像所呈现出来的最终样子。在Adobe Photoshop中，若将位图图像（bitmap）放大到一定的倍数，就可以看到图像是由一个个小方格所组成的（图1.3.2）。

3. 分辨率

分辨率（Resolution）是指屏幕中所含像素点的数量，通常为屏宽像素点与屏高像素点的乘积。例如，华为P60手机的屏幕分辨率是2 700×1 220像素，这就意味着该手机的屏幕是由2 700列和1 220行的像素点排列而组成的。在显示屏中，每个像素点会发出不同的颜色光，从而将绘制的图像进行呈现。如图1.3.3所示为构成图像的像素点。

图1.3.2　位图图像中的图像元素　　　　　图1.3.3　构成图像的像素点

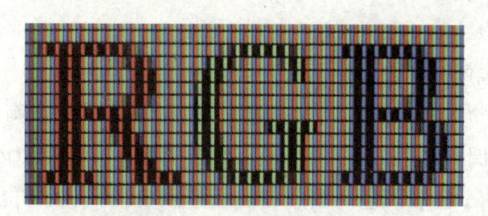

二、色彩模式

色彩模式是数字产品中用于表示颜色的一种算法。在数字世界中，为了表示各种颜色，人们通常将颜色划分为若干分量。由于成色原理的不同，决定了靠色光直接合成颜色的颜色设备与靠使用颜料的印刷设备在生成颜色方式上会有所区别。常用的色彩模式有RGB色彩模式、CMYK色彩模式和Lab色彩模式等。除此之外，还有一些色彩模式可以在Photoshop软件中找到，如位图模式、灰度模式、双色调模式、引索颜色模式和多通道模式等，这些色彩模式有其特殊的用途。本书主要介绍RGB色彩模式、CMYK色彩模式和Lab色彩模式，如图1.3.4所示。

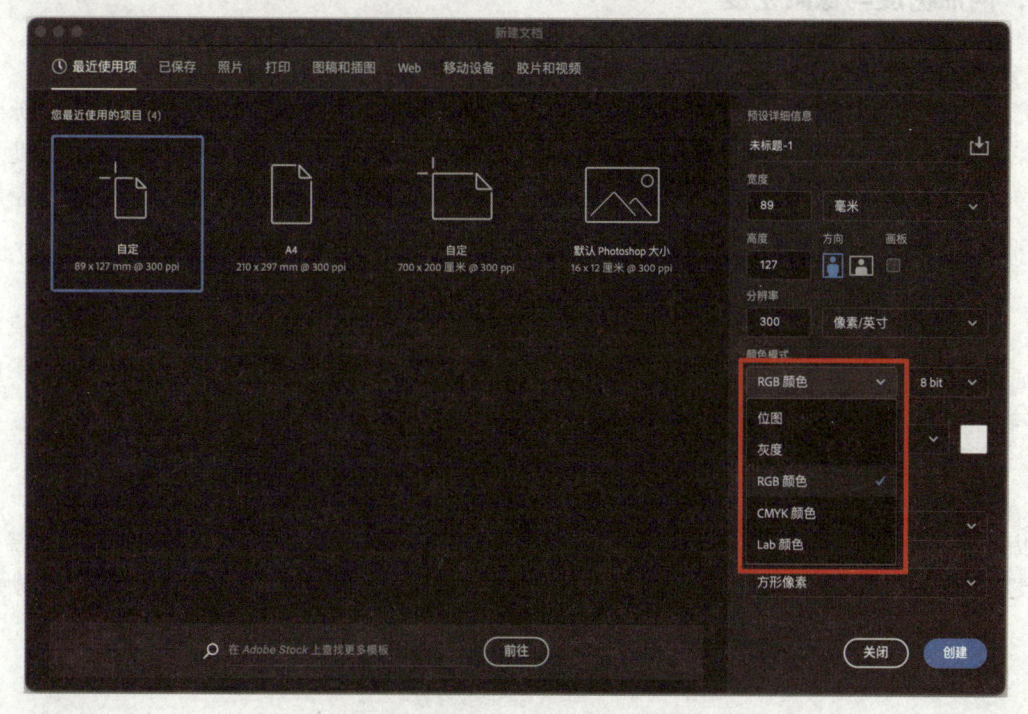

图1.3.4　Photoshop软件中的颜色模式

1. RGB 色彩模式

RGB色彩模式是一种加色色彩模式。它是工业界的一种颜色标准，其通过对红色、绿色和蓝色三个通道的颜色变化及它们相互之间叠加来得到各种颜色。RGB分别代表红（Red）、绿（Green）、蓝（Blue）三个通道的颜色，这个标准几乎包括了人类眼睛所能感知到的所有颜色，是目前运用最广的颜色系统之一。RGB色彩模式适用于显示器、投影仪、扫描仪和数码相机等电子设备。

2. CMYK 色彩模式

CMYK色彩模式是一种减色色彩模式，在印刷时应用的就是这种色彩模式。CMYK代表印刷使用的四种颜色，C（Cyan）代表青色、M（Magenta）代表洋红色、Y（Yellow）代表黄色、K（Black）代表黑色。由于在实际应用中，青色、洋红色、黄色很难叠加形成真正的黑色，最深不过是褐色，因此才引入了黑色，黑色的作用是强化暗调，加深暗部色彩。CMYK色彩模式适用于由打印机、印刷机等设备生产出的印刷品。

3. Lab 色彩模式

Lab色彩模式由亮度（L）和a、b两个颜色通道组成，其中a通道包括从深绿色（低亮度值）到灰色（中亮度值）再到亮粉红色（高亮度值）的颜色；b通道则包括从深蓝色（低亮度值）到灰色（中亮度值）再到黄色（高亮度值）的颜色，这种颜色混合后，将会产生明亮效果的色彩。Lab色彩模式是一种与设备无关的色彩模式，其弥补了RGB、CMYK这两种色彩模式的不足，是一种基于生理特征的颜色模型。

三、网点密度与像素密度

1. 网点密度（dpi）

在印刷工作中，网点密度（Dot per inch，dpi）通常用来描述打印的精度。如果将打印的分辨率设置为96 dpi（Windows系统默认的dpi），那么在打印过程中，每英寸平均会打印96个点。由此可知，当dpi的概念用在显示屏上时，则表示显示屏上每英寸可显示的像素点的数量，等同于像素密度（ppi）。每英寸长度所打印的点数与图像最终的精细程度成正比。

2. 像素密度（ppi）

像素密度（Pixel per inch，ppi）通常用于"屏幕显示"的描述，其表示每英寸中所含像素点数量。显示屏的ppi数值与生产工艺水平会影响到图像的精细程度，如果在Photoshop软件中，将图像的分辨率设置为72 ppi，那么就意味着屏幕将会以每英寸72个像素点的方式来显示该图像。

3. 视网膜屏幕（Retina）

视网膜屏幕（Retina）的显示概念最早由苹果公司于2010年前在iPhone 4的发布会上提出，其是指当移动设备屏幕距眼睛25～30 cm时，只要屏幕分辨率达到300 ppi以上，那么用户的肉眼就看不到显示屏中的像素点。由于该分辨率在当时拥有相对较高的像素密度，因此屏幕显示特别清晰锐利。ppi计算公式如下：

$$ppi = \frac{\sqrt{长度像素数^2 + 宽度像素数^2}}{屏幕对角线英寸数}$$

随着用户视觉需求和屏幕工艺水平的不断提高，过去的视网膜屏幕（Retina）显然已经不能满足当下用户的需求。索尼公司于2022年推出的Xperia 1 IV手机，其屏幕尺寸仅为6.5英寸，而分辨率却高达3 840×1 644（4K），按公式计算该手机的ppi高达643。如图1.3.5所示为索尼Xperia 1 IV手机屏幕。

图1.3.5　索尼Xperia 1 IV手机

四、图像文件的储存格式

图像文件格式是指用于记录和存储影像信息的文件格式，若要对数字图像进行存储、处理和传播，那么就必须采用一定的图像格式，也就是将图像的像素按照一定的方式进行组织和存储，从而获得最终的图像文件。图像文件格式决定了应该在文件中存放何种类型的信息，文件如何与各种应用软件相兼容，以及文件如何与其他文件交换数据。在UI设计中，常见的图像文件储存格式有GIF、JPEG、PNG和SVG4种格式。

1. GIF 格式

图像互换格式（Graphics Interchange Format，GIF）是CompuServe公司于1987年开发的图像文件格式。该格式压缩率一般在50%左右，具有体积小和成像较清晰的优点；缺点则是只支持256色，色彩数量较少，但可以用来生成动画，所以沿用至今。

2. JPEG 格式

JPEG格式（Joint Photographic Experts Group）是JPEG标准的产物，也是第一个国际图像压缩标准，由国际标准化组织（ISO）制订。JPEG格式的图像压缩算法能提供良好的压缩性能，而且还具有比较好的重建质量，因而被广泛应用于互联网和数码产品领域。该格式的文件后缀名为".jpg"或".jpeg"，是在UI设计中最常用的图像文件格式之一。

3. PNG 格式

便携式网络图形（Portable Network Graphics，PNG）是一种无损压缩的位图格式，PNG格式具有体积小、无损压缩、索引色彩模式、更优化的网络传输显示、支持透明效果等特点，而且还支持真彩和灰度级图像的Alpha通道透明度。该格式可最高支持24位真彩色图像及八位灰度图像，是目前移动设备使用的主流图像格式。

4. SVG 格式

可缩放矢量图形格式（Scalable Vector Graphics，SVG）是一种开放标准的矢量图形语言，由World Wide Web Consortium（W3C）联盟进行开发，是一个开放的标准，与诸如DOM和XSL之类的W3C标准是一个整体。在该格式下，用户可以直接用代码来描绘图像，也可以用任何文字处理工具查看SVG图像，通过改变部分代码来使图像具有交互功能，还可以随时插入到HTML中通过浏览器来观看。相对于JPGE和PNG格式，SVG格式具有高保真、文件小等特点，被广泛使用于图标、插画、数据可视化、界面交互和界面元素等类型的设计工作中。

第四节　学习UI设计的方法

毛泽东同志对读书学习方法和策略的运用十分值得我们学习，他将方法比喻成"桥"与"船"，他指出："不解决桥或船的问题，过河就是一句空话。不解决方法问题，任务也只是瞎说一顿。"所谓"工欲善其事，必先利其器"，在学习的过程中，是否使用科学和有效的方法对学习的成果有着重要的影响。在学习UI设计的过程中，应做到广采博览、善于思考和勤于实践。本节将介绍UI设计学习的基础方法。

一、积累图形基础

虽然不少非专业出身的设计师也能输出优秀的UI作品，但是缺乏绘画能力会导致创作存在局限性，如创作风格较为单一、对设计想法的呈现感到有心无力等。拥有手绘能力，不仅可以帮助设计师提高洞察力，而且能为设计师提供更多的多元化创作的可能性。因此，是否具备一定的图形基础是能否做好UI设计工作的重要前提，通过学习画图标的方式可以锻炼设计师绘制图形的基础能力。素描、速写和色彩作为我国设计类专业的基础课，是绘画入门的三大基础课题，学习图形设计也是以此由浅入深、循环渐进的。

想要在软件工具上对现实世界的物体进行细致准确的描绘，对事物进行仔细的观察是必不可少的。例如，观察物体的透视是如何的、光照射的角度是如何的、在对应的形状中表现出怎样的明暗分布等。素描是指应用单色线条来表现直观世界中的事物，可以通过写实图标的方式练习素描的基本功。对原有的写实细节进行适当的提炼和取舍，仅保留核心的抽象图形，这个过程可以理解为速写。通过学习设计软件工具对图形进行样式的渲染，创作引起用户的审美愉悦和感情共鸣，这便是色彩。

二、掌握软件操作

掌握设计软件工具是一种必备的硬技能，因为所有的想法最终都需要使用设计软件工具来实现。因此，不仅需要掌握UI设计相关软件的操作技能，还需要了解相关的图形图像调整功能。学习者可以通过学习相关软件工具课程，并勤于操作练习，从而获得本项能力的提升。

三、了解设计规范

设计规范是指围绕某种风格或项目形成的可视化和数据化的统一标准，而这些标准应是可遵循的。通过遵循统一的标准来规范视觉呈现和元素定义，不仅可以保证项目的正常交接运作，而且能更好地确保UI产品的一致性和体验性。一般来说，不同的系统平台都有相应的设计规范，这些规范都详细地罗列了一些通用性的设计框架。例如，在iOS系统下的设计图需要创建多大的尺寸，Android系统下是多大的尺寸及各自的系统状态栏、导航栏和标签栏高度是多少，手机屏上最适合的字号是多大，能看清的最小字号是多少，iOS系统用什么字体，Android系统用什么字体等问题均是设计规范中的内容。

不断变化的用户需求意味着设计规范并非是永恒不变的，设计规范应根据业务和用户使用场景进行持续的优化与迭代更新。

四、进行临摹学习

设计是一门实践性很强的学科，因而在学习的过程中应做到理论与实践练习相互结合。在学习中，学习者可以多临摹成熟的图标界面设计作品，在此过程中应学会借鉴优秀的设计及发现自身的不足，并加以改正。与此同时，学习者也可以多去浏览如站酷（ZCOOL）、UI中国和追波（Dribbble）等知名设计网站的优秀作品，以此不断地开拓、丰富和更新自己的眼界，为形成自己的设计思想体系奠定坚实的根基。

五、参与UI设计项目实践

我国南宋诗人陆游在《冬夜读书示子聿》中写道"纸上得来终觉浅，绝知此事要躬行"，告诫我们在学习时不能仅满足于书本字面上的意思，而是要躬行实践、深度理解，只有这样才能把书本上的知识变成自己的实际本领。

参与UI设计项目实践是很好的学习锻炼方式，可以多浏览网上的优秀设计案例，并考虑按照自己的想法和理念进行二次创作（Redesign）。通过假设的设计项目，不断地优化和思考项目实践的整个流程，不放过每个小图标细节，把自己的设计思路完整地展示出来。

第二章　UI设计师的职业发展

习近平总书记在党的二十大报告中明确指出：青年强，则国家强。当代中国青年生逢其时，施展才干的舞台无比广阔，实现梦想的前景无比光明。全党要把青年工作作为战略性工作来抓，用党的科学理论武装青年，用党的初心使命感召青年，做青年朋友的知心人、青年工作的热心人、青年群众的引路人。广大青年要坚定不移听党话、跟党走，怀抱梦想又脚踏实地，敢想敢为又善作善成，立志做有理想、敢担当、能吃苦、肯奋斗的新时代好青年，让青春在全面建设社会主义现代化国家的火热实践中绽放绚丽之花。如果自己的职业发展没有理想和目标的牵引，就会迷失方向，从而变得惶惶不知所从。随着越来越多的设计师加入UI设计这个新兴的行业，同时用户需求也在不断变化，因而在UI设计行业激烈的竞争随处可见。如果想要建立自身的职业优势，就需要持续提升相关素质和能力，在满足用户需求的同时为推动UI设计行业高质量发展而贡献力量。

本章将阐述新时代UI设计师所必备的职业素质与技能、UI设计师的类型与职业发展两个方面的内容。

第一节　UI设计师的职业素质

对于新兴数字媒体艺术工作者而言，职业素质可分为硬性素质和软性素质两种。硬性素质是指软件工具的应用能力，软性素质则是指UI设计师的思维、创意和沟通等方面的能力。这两种素质相辅相成、不可分割，因为再好的创意都需要通过软件工具来实现，再好的软件工具应用能力都需要通过创意的实现而展现设计师的职业价值。

一、UI设计师的基础素质

UI设计师需要充分掌握三个基本专业技能，即手绘能力、软件工具的应用能力及理解并整理需求文档的能力。

1. 手绘能力

手绘是一种表达手段，可以帮助设计师更好、更快地表达自己的创意和想法。手绘能力与UI设计之间是相辅相成的关系，设计师具备一定的手绘能力，可以帮助设计师更快、更好地完成成品输出。关于手绘工具，设计师们一般喜欢选择比较有品位与格调的笔和纸。例如，施德楼（STAEDTLER）的活动铅笔、樱花（SAKURA）的针管笔和辉柏嘉（Faber-Castell）的水溶性铅笔。在纸张的选择上，普通的速写本或A4纸即可，有些设计师更喜欢选择格子本或点点本。另外，各类控件钢尺、便签条、水彩笔都是在前期头脑风暴的创意过程中常用的工具。

2. 软件工具的应用能力

UI设计师需要掌握在整个项目中大概率会被频繁使用的主流设计软件，例如Adobe Photoshop、Adobe Illustrator、Sketch、Adobe XD、Adobe After Effects等设计软件。

3. 理解并整理需求文档的能力

需求文档（BPD）是在需求产生后，由产品经理对其进行的一种专业描述，需求文档更像是一个产品功能清单，能帮助设计师了解自己的设计工作任务。因此，UI设计师应了解所在项目的需求文档。一份清晰的需求文档可以有效提升开发的效率，进而加快项目进度。因而在文档整理的过程中，设计师应养成良好的图层和源文件命名的习惯，并掌握系统和平台的UI规范，以及输出正确的格式和开发切片。

二、创意素质

习近平总书记在党的二十大报告中明确指出："必须坚持守正创新。我们从事的是前无古人的伟大事业，守正才能不迷失方向、不犯颠覆性错误，创新才能把握时代、引领时代。"UI设计师应自觉遵守《中华人民共和国著作权法》《中华人民共和国广告法》等相关法律法规，积极探索UI设计的创新方法，走原创设计之路。与此同时，学习者不仅需要做到"手勤"，还需要做到"眼宽"，其中手勤是指在学习UI设计的过程中，需要做到将理论与实践相结合，多学多练习；而眼宽则是指在学习UI设计的过程中，需要养成多观察现实生活中的项目案例并对其进行系统分析的习惯。那么，如何培养自己的创意素质呢？

1. 收集创意

很多时候，创意并非处于一想就有和立即可用的状态。因此，对于灵活多变、创意无限的设计创作而言，收集创意这项能力就显得十分重要。UI设计师应当养成收集创意的好习惯，在收集创意时，应当做到尽可能地选择优秀的作品，而不是滥竽充数的随便收集。那么，应该去什么地方收集这些创意素材呢？

（1）Behance网站。Behance网站目前是Adobe旗下著名的设计作品分享平台，网站涉及设计、时尚、插图、建筑、摄影、美术、广告等领域，是设计师们高频率使用的交流和聚集平台。Behance将自己定义为"展示和应用创意作品的领先平台"，在Behance网站，设计师们可以查阅、收集和分享自己的原创作品。如图2.1.1所示为Behance网站界面。

图2.1.1 Behance网站界面

（2）Dribbble网站。与Behance网站一样，Dribbble网站也是设计师们常用于分享和交流设计作品的社区。由于Dribbble网站的品牌标志酷似篮球及网站中的篮球风格元素，Dribbble网站也被称为"篮球馆"。该网站更加专注做UI方面的作品展示，从拟物到扁平各种引领设计风格的作品都来源于此。在Dribbble网站中，设计师可将已经完成的作品或是正在创作的作品分享到网站上，也可查看其他设计师的作品，并提出修改建议。但是，Dribbble网站和其他网站不同的是，该网站需要受到现有用户的邀请才能发表作品，否则只能进行浏览。如图2.1.2所示为Dribbble网站界面。

（3）Pinterest网站。Pinterest网站成立于2010年，是世界著名的图片社交分享网站。许多组织和个人在Pinterest网站上建立了主页，并以图片的形式来展示自己的作品和服务。在Pinterest网站上，用户可通过网站中所收集的链接源去寻找自己所需要的内容，也可在这些图片下留言，与Pinterest网站的其他用户进行沟通和交流。可以说，Pinterest网站是一个非常不错的灵感图片网站。

（4）站酷网（ZCOOL）。站酷网（ZCOOL）成立于2006年，是一个综合性的设计师社区平台。相较于Behance网站，站酷网更趋向于本土化。这里不仅聚集了国内不少优质的设计师、设计学习者和艺术家等创意设计人群，而且通过举办各种线上、线下活动促进了网站用户之间的沟通交流。通过站酷网，设计师可以分享自己的作品和设计思路与设计经验，还可与企业进行对接合作，实现企业与设计师的互利共赢。如图2.1.3所示为站酷网界面。

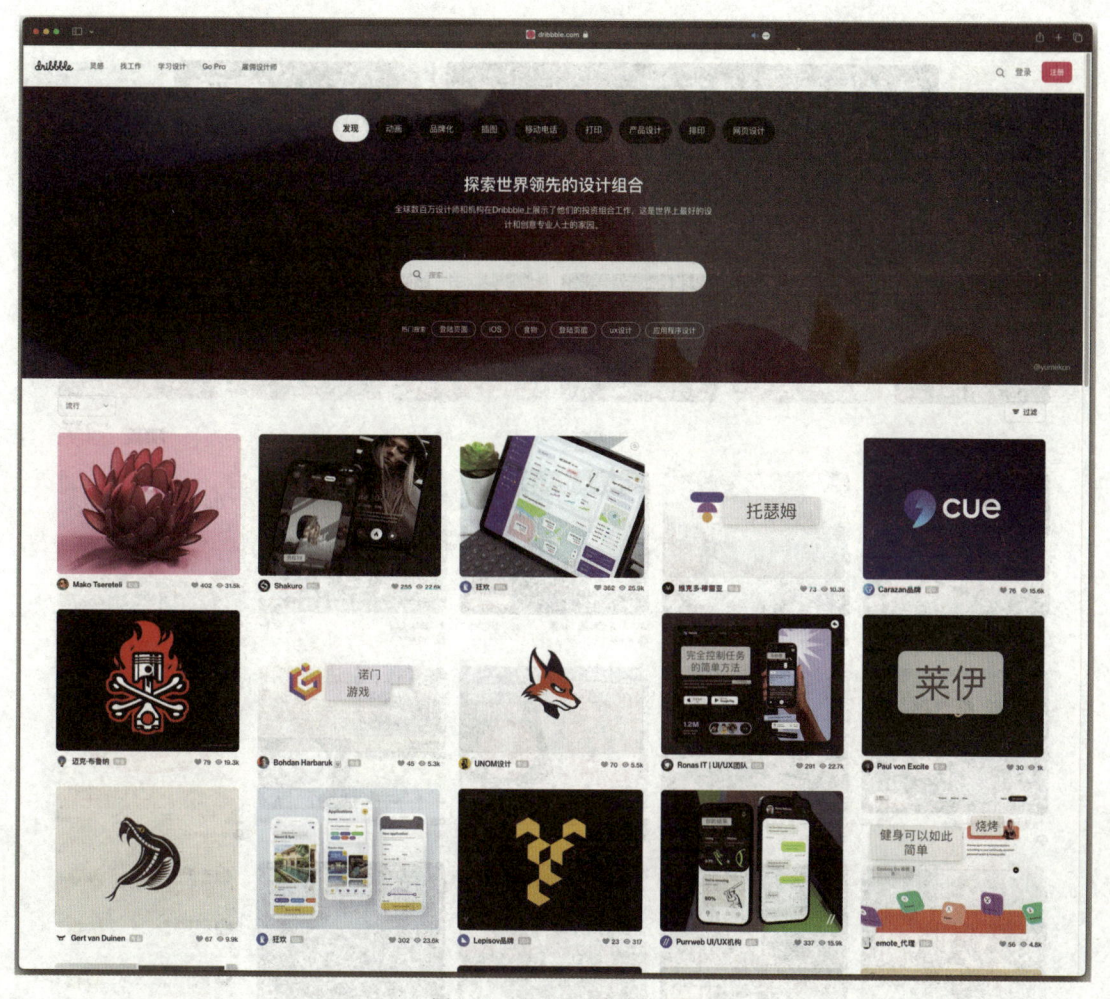

图2.1.2　Dribbble网站界面

2. 管理资源

在UI设计项目中，很多时候创意并不是现成且立即可用的。因此，学习者可以考虑把收集到的创意资源（素材）进行分类整理并存档在相对应的文件夹中，建立属于自己的"素材库"。在管理资源时，应做好分类整理、规范命名和来源记录等一系列细节工作。一个优秀的素材库可以帮助设计师，在短时间内找到自己想要的资源，并引发创作灵感，从而更高效、高质量地完成UI作品输出。

3. 乐于分享

得益于互联网与新媒体的迅速发展，创意信息资源快速且广泛地传播成为现实，使设计师们可以及时地看到同行们所分享的优秀作品。通过作品分享及与设计师们进行互动交流，不仅可以相互借鉴学习，而且可以帮助设计师发现自身的不足和创作者的不足，从而获得共同的提升的方向和途径。因此，设计师大可将自己的心扉打开，在线上、线下与同行或相关行业的人员进行交流和分享。

图2.1.3　站酷网界面

第二节　UI行业的职业分类与职业发展

设计作为一门科技与艺术相互融合的交叉学科，其可细分为多个专业领域。例如，服装设计、环艺设计、建筑设计、工业设计等。不同行业甚至相同行业不同岗位的设计师之间，专业属性和职责也各不相同，所能执行的工作也有较大的差异。在UI设计行业，设计师应结合自己的性格、兴趣和操作技能等要素做职业发展规划。

一、UI行业的岗位职能

目前，UI设计行业对UI岗位职能的众说纷纭，本书结合用户与机器的角度对此进行了分类，也就是互动设计师、平面设计师、UI设计师和用户研究等岗位职能，他们之间的工作职责和所需的素质也都有所差异。

1. 互动设计师

互动设计师（User Experience Designer）主要负责在分析用户的基础上，对软件的功能需求、操作流程、树状结构和操作规范等内容进行设计，并得出产品原型，从而搭建出易用、好用的成品。他们通常关注用户做了某些必要的操作之后，界面应当作出何种的反应。例如，菜单以何种方式划进来，又以何种方式消去……当这些设计都做好之后，再进而提示用户如何使用这个成品。互动设计师一般都熟练掌握平面设计、动态图形设计和数字艺术等方面的设计知识，同时对字体和颜色非常敏感，并且通晓材料和纹理。

2. 平面设计师

通常来说，平面设计师能进行Logo、海报、扁平化UI、包装、书籍装帧、排版、VI、字体和名片等设计工作，一般需要熟练掌握Adobe Photoshop、Adobe Illustrator、Adobe InDesign、Sketch等软件。虽然平面设计师对颜色、排版、造型和文字的应用是深有考究的，但是相对较难设计出高质量的拟物图标和富有质感的人机界面。

3. UI设计师

UI设计师是（User Interface Designer）根据自己制作形成的设计规范，将原型图转化为具有一定美感的视觉页面，最终定稿后再把切图及标注提供给技术开发人员。例如，提出原型图的优化方案，结合交互设计对原型图进行设计和优化、输出相应规格的切图，标注视觉稿上的元素尺寸，以及说明并总结设计规范等，这些都是UI设计师需要开展的工作。该项岗位一般使用Sketch、Adobe XD、Figma、Adobe Illustrator等软件。

4. 用户研究

UI成品在正式上线前需要经过测试的过程，以便发现产品里面的Bug，确保将良好的操作体验带给用户。用户研究人员主要负责收集和分析用户需求、产品的易用性与可用性、用户使用行为和用户反馈等工作，并将分析后的数据进行总结，最终形成用户研究报告。常见的用户研究手段主要有可用性测试、焦点小组、问卷调查、用户访谈、眼动测试、用户画像、用户反馈和大数据分析等。

二、职业发展

UI设计师的职业发展可以分成两条路线，即从竖向发展将某一岗位职能做精做细的视觉设计师、用户研究或成品运营人员，从横向发展同时接触用户研究、成品运营和视觉设计等工作内容的全链路设计师。两种发展路径对工作者的素质能力要求会有所不同，UI行业从业者可按照自己的兴趣、性格、能力和志向等因素进行选择。那么，如何定位自己的职业发展路径呢？是选择竖向发展路径还是横向发展路径呢？

在UI行业中，一名优秀的UI从业者不仅需要拥有扎实的专业技能，而且需要具备其他一系列的综合能力，这对从业者未来的职业发展十分重要。其主要包括以下四个要点：

（1）眼界宽度：优秀的UI设计师需要实践的积累和沉淀，应在平时广泛阅览和学习优秀的设计作品，并勤于UI设计实践练习，还应尽量学习艺术、理学、工学、文学和管理等学科领域的知识。

（2）沟通能力：包括倾听、提问和解决问题等能力。倾听，即倾听客户内心的需求及对产品的期望和愿景，还应倾听项目组其他成员的意见，并进行信息的收集和处理。提问，即挖掘用户深层次的需求或是确定用户表达不清楚的地方。解决问题，即用设计师专业的眼光和素养评估各类方案的可行性，并根据用户的意见和各方面的信息，总结出目前更优的解决方案。

（3）技术表现能力：包括手绘草图的能力和软件工具的应用能力。

（4）整合能力：能将手头的资源素材进行有效整合，并应用更好的方法展示给用户。

综上所述，如果喜欢研究视觉方面的UI设计且手绘功底好，那么可以考虑在视觉设计领域发展；如果画工稍差但是逻辑思维强，转做互动设计一般会更有优势；如果擅长与人沟通，喜欢做调研与分析，那么就可以专注用户体验与用户研究；如果喜欢策划和创新，可以负责产品与项目的运营管理。

第三章　UI界面的规范

在谈到UI界面规范时，一般都会把UI设计规范划分为交互设计规范和视觉设计规范两个方面。设计师在后续产品设计与开发时一定要严格遵守用户界面规范来保证产品的一致性与完整性。

交互设计（IXD或IAD）从广义上看就是对人造系统与人造物体行为进行研究，即对人造产品（如软件、装置、移动设备、人造环境、服务、便携设备及系统等）组织结构进行设计。交互设计涉及对人造物体及用户间行为有关的接口和操作方法的研究（也就是人工制品对具体情境的响应方式）；对用户使用该制品时生理及心理的研究，以及对该制品、人及材料、文化及历史等方面的统一进行探讨的学科。

交互设计规范可分为设备操作系统平台规范与应用产品本身的定义规范两个方面。现如今市场中智能移动设备操作系统以iOS和Android为主。为了确保应用产品在平台下的易用性、使用户不需要付出额外学习成本就能成功地使用该产品、有助于平台生态系统更进一步地研发出卓越的应用产品，这两个操作系统都给出了官方的设计指南。设计师可在原基础上在符合正式颁布的指导方针交互规范前提下充分发挥其创新之处，恰当地突破固有框架而创建出一套仅属于应用自身的"个性化交互"设计规范。但是无论使用哪种方式，一套交互设计规范一经确定，设计人员就必须将其一致地贯彻到应用产品的全过程；否则，商品的可能性与可用性将大大降低，就无法满足用户要求。

视觉设计以眼睛功能为对象，以主观表达形式为工具与成果。总之，它有责任使我们的产品以易用性为基础，使人悦目。

所谓视觉设计规范，就是所运用到产品界面中的各要素均遵照规范要求而又互相影响，能够通过视觉语言将统一的品牌形象传递给用户。视觉设计规范包括许多方面，如色彩、字体、排版、版面、图像、图标、按钮、动画和模态窗口。区别于交互设计规范，其要尽量按照平台规范进行设计，有条件时视觉设计规范要建立在平台规范之上，使其设计能力最大化。设计师将应用产品功能特点与品牌内涵相结合，体现产品的自身视觉、设计标准的个性化，在提高产品的可用性的同时把品牌形象根植于用户内心。

第一节　常用单位介绍

一、px（pixel）

1. 定义

px：像素，由三个发光管RGB组成的最小基本单元。

常见场景：视觉稿单位/分辨率单位/css常用单位（网页、web应用等）。

2. 视觉稿单位

UI设计师设计界面，无论设计工具是PS、Sketch还是XD，其基本单位都是px。当完成视觉稿交付给开发，开发会根据场景进行单位换算。

3. 分辨率单位

我们经常会看到"××手机屏幕的分辨率为1 920×1 080"这里1 920×1 080的单位即是px。

4. css 常用单位

web端开发html+css，直接采用px为基本单位。

二、pt（point）

1. 定义

pt：点，绝对长度单位。其密度无关像素，是iOS开发的基本单位。

常见场景：印刷行业常用单位、iOS开发基本单位、PS中的字体单位。

2. 印刷行业常见单位

查字典可知，pt翻译过来并不是"点"，而是"磅"。在印刷行业，pt是一个绝对单位，是可用标准测量工具测出尺寸的。1 pt=1/72 inch。

3. iOS 开发基本单位

UI设计师和平面设计师不一样，因为市场上有各种屏幕大小、分辨率碎片化的手机，所以为了能一稿一稿地适应，苹果正式设置pt作为iOS的基本单元。这里表示密度无关像素（独立像素）（逻辑像素），即不随屏幕密度变化（ppi）；同时还是绝对大小，通过iPhone 3GS的大小和屏幕密度（ppi）就能得到1 pt=1.163 inch的结果。

4. PS 中的字体单位

如果PS设置了72 ppi背景，这时pt大约与场景1中pt相等，PS就默认采用1 pt=1/72 inch这个标准。PS里pt与iOS开发单位的意义为何不一样？由于PS里字体大小单位pt为印刷行业服务（PS比较偏平面设计），因此，若使用PS进行视觉稿的设计，则需把字体大小的单位调整到px，以便于开发。

结论：尽管印刷行业的单位和iOS开发的基本单位被称为pt，但两者在概念和数值上并不完全相同，此pt非彼pt。

三、dp/sp

1. 定义

dp/sp：密度无关像素，是Android开发的基本单位。

使用场景：移动端开发。

dp（device independent pixels）：Google设定dp为Android开发基本单位，其效果与iOS中的pt类似，同样是为了一稿适配不同的移动端设备而创定的。1 dp=1/160 inch。

sp：Android开发中文字的基本单位。

2. dp 和 sp 的区别

默认显示32 dp和32 sp字样无差异。sp的主要功能就是能够跟随着系统文字的变化而变化（如系统文字由中字号改为大字号，使用sp的字将改为大字号，而使用dp的字就不变化了）。对某些视觉性文字要求其大小一定时采用dp单位，还有的用sp表示。

四、ppi/epi

1. 定义

ppi（pixels per inch）：每英寸含有的像素值，又称像素密度。

使用场景：屏幕。

dpi（dots per inch）：每英寸含有的点数，又称点密度。

使用场景：印刷设备/屏幕。

2. ppi 场景解读

屏幕：通常使用ppi作为一个屏幕细腻程度的指标。ppi在画面上表现得越细，能够表现出的细节越丰富，带给人们的视觉感受越好。以iPhone 12、iPhone 13为例，屏幕尺寸都在6.1英寸左右，但它们的物理分辨率并不完全一致。

3. dpi 场景解读

打印设备：打印时，采用dpi作为参考打印，点式（pt）作为最小的单元。

实例：打印一幅分辨率1 920×1 080，dpi为72的照片。

屏幕：屏幕设备上，dpi与ppi未做细致的区别。计算机屏幕上显示dpi是96，在此dpi与ppi一样，也就是指像素密度。但dpi是否为ppi？不完全是这样，它要求参照上下文语境来进行。dpi最小单位为点，ppi最小单位为像元，当点和像元相等时，可以认为dpi和ppi一样。但在某些特殊屏幕上，如Mac retina，也就是人们常说的2K屏和4K屏上，1个像素相当于许多点，此时dpi与ppi并不相等。

实例：一张150 ppi照片显示600 dpi设备中每台pixel共有16台dot。

注：普通计算机屏幕使用的是dpi，手机屏幕使用ppi。

4. 场景扩展："栅格处理"

我们知道一幅照片的实际尺寸取决于分辨率。画面的分辨率决定着画面携带的细节内容。那么，dpi的作用是什么？

（1）屏幕场景。"装备最大解析能力"在此提及。现有72 dpi和300 dpi装置。在此，72与300确定了该装置最大解析能力。在72 dpi画面中，只看到了高达72 dpi水平的画面。假如把一幅300 dpi照片在72 dpi装置上展示出来怎么办？该装置将执行"栅格处理"。栅格处理是指图片尺寸恒定时，通过dpi来处理照片，照片信息量将大打折扣。一幅300 dpi照片显然比72 dpi画面最大解析能力要高，因此画面把它栅格为72 dpi照片。UI设计师输出视觉稿的1倍图，从计算机屏幕（96 dpi）看来似乎不成问题，但放到手机（300 ppi）中进行预览则会变得模糊不清。这是由于手机屏幕把它栅格为300 dpi照片，它缺乏大量细节而变得模糊不清。

（2）打印机场景。dpi的另一主要功能是充当电子屏幕和打印机之间的桥梁。相同分辨率的照片，1张72 dpi和1张300 dpi显示时也许相差不大，但打印时相差较大。例如，72 dpi照片在300 dpi装置上印刷就会变得模糊不清。

五、显示器分辨率与图像分辨率

1. 显示器分辨率：单位长度内包含像素（Pixel）的数量

需要注意的是在相同大小的屏幕上，分辨率越高，显示就越小。相同的分辨率对不同的显示器显示的效果也是不同的，如2 535×1 170的分辨率，6.1英寸的显示器比以相同分辨率显示的6.7英寸显示器的显示精度要更高。

2. 图像分辨率：图像宽度尺寸 × 图像分辨率 = 宽度像素

图像高度尺寸×图像分辨率=高度像素 宽度像素×高度像素=图像总像素

（需要注意单位英尺/厘米的统一与匹配）

通过以上公式可知，图像的宽度尺寸与图像分辨率共同决定了图像总像素。同时，图像分辨率和尺寸值共同决定了文件的大小与输出质量，这便意味着同一尺寸下，分辨越高，图像总像素便越高，图像也就越清晰，其品质便越高。

3. 两者之间的关系

（1）如果把两幅总像素一样、分辨率和高宽不一样的画面打印出来，后一幅画面的幅面有前一幅的4倍之多，画面质量也就差了。

这是由于分辨率下降之后，尽管总像素没有变化，但是图像尺寸变大，从而造成单位英寸包含的像素减少，画面质量下降。

（2）若在显示模式3 000×2 000的显示器上输入两张照片，可以看到其画面大小相同、画面质量相差不大。

理由：对显示系统来说，图像分辨率值的影响不大，关键就在于该图像中所含像素数之和。这两幅影像所包含的像素数之和是3 000×2 000，所以在显示器上显示出来就变成了分辨率和幅面完全相同的两幅影像。

通过分析可了解到图像分辨率和显示器分幅率这两个不同概念之间也有联系。例如，当图像的总像素超过显示器的分辨率时,就会出现下面两种显示方式:一是部分显示,也就是画面上有几个像元显示、几个像元,这个时候只能够看到画面中的某个部分;二是画面上出现了整幅画面,但是这个时候画面的分辨率受到了挤压。

所以做移动UI视觉设计必须用移动设备显示器的分辨率去定义界面元素的尺寸,这样界面才会被正确且完整地展现出来,这就是为什么做移动视觉设计一般都会用像素为单位。

对于不同平台将演化出种类、型号和屏幕大小都不相同的移动设备,在移动UI视觉设计过程中,则需要对设计面向的系统和屏幕大小有一定的认识,再按照业内设计规范来设置大小。

第二节 移动界面尺寸规范

一、界面尺寸规范的概念

在进行设计时最关注的问题是建造多少画布和建造何种规格的画布为佳。一般情况下在Sketch上进行绘制时,大家都会选择画布尺寸为375×812 pt,也就是iPhone 11 pro逻辑尺寸的大小,PS进行绘制时推荐使用750×1 334的画布,因为适配效果会比较好。在此将澄清像素与逻辑像素两个概念。

1. 像素点(px)

像素点可理解成一个发光的格子,iPhone 13具有(750×1 334)个发光的格子,750×1 334即通常所说的分辨率,在相同区域内像素点格子越大,分辨率就越高,观察起来也就更加清楚。

2. 像素密度(ppi)

像素密度是指每寸屏幕具有的像素数。像素密度越高,展现画面细节越多。当然,像素密度越大,耗电也就越大。

3. 逻辑像素(pt/dp)

在适配机型之前,逻辑像素就是设计稿里的一个单元。制作设计稿都是使用pt来表示,在推导出相应倍数设计稿后才能使用px来度量。

在界面尺寸规范中主要讨论5项内容:界面尺寸大小;状态栏(Status Bar)电量条;导航栏(Navigation)顶部条、主菜单栏(Main Menu Bar)标签栏;底部条;内容区域(Content)屏幕中间区域。以iPhone 13为例,界面尺寸大小是750×1 334 px;状态栏(Status Bar)高度为40 px;导航栏(Navigation)高度为88 px;主菜单栏(Main Menu Bar)标签栏高度为98 px;内容区域(Content)屏幕中间区域的高度为1 108 px。如图3.2.1所示为iPhone 13界面。

图3.2.1 iPhone 13界面

二、iPhone所有型号的界面尺寸规范

iPhone目前所有型号的界面尺寸见表3.2.1。

表3.2.1　iPhone所有型号的界面尺寸

设备名称	屏幕物理尺寸/in	ppi	倍率	逻辑尺寸	分辨率
iPhone 13 Pro Max	6.7	458	@3x	428×926	1 284×2 778
iPhone 13，13 Pro	6.1	460	@3x	320×693	1 170×2 532
iPhone 13 mini	5.4	476	@3x	375×812	1 125×2 436
iPhone 12 Pro Max	6.7	458	@3x	428×926	1 284×2 778
iPhone 12，12 Pro	6.1	460	@3x	320×693	1 170×2 532
iPhone 12 mini	5.4	476	@3x	375×812	1 125×2 436
iPhone 11 Pro Max	6.5	458	@3x	414×896	1 242×2 688
iPhone 11 Pro	5.8	458	@3x	375×812	1 125×2 436
iPhone 11	6.1	326	@3x	414×896	828×1 792
iPhone Xs Max	6.5	458	@3x	414×896	1 242×2 688
iPhone Xs	5.8	458	@3x	375×812	1 125×2 436
iPhone XR	6.1	326	@3x	414×896	828×1 792
iPhone X	5.8	458	@3x	375×812	1 125×2 436
iPhone 8+，7+，6s+，6+	5.5	401	@3x	414×736	1 242×2 208
iPhone 8，7，6s，6	4.7	326	@2x	375×667	750×1 334
iPhone SE，5，5s，5C	4.0	326	@2x	320×568	640×1 136
iPhone 4，4s	3.5	326	@2x	320×480	640×960
iPhone 1，3G，3GS	3.5	163	@1x	320×480	320×480

三、Android手机界面尺寸规范

（1）Android手机分辨率、dpi、像素比、示例dp、对应像素。dpi=屏幕宽度（或高度）像素/屏幕宽度（或高度）英寸，dp=（宽度像素×160）/dpi。Android手机各要素的对应关系见表3.2.2。

表3.2.2　Android手机各要素的对应关系

名称	分辨率	dpi	像素比	示例dp	对应像素/px
×××hdpi	2 160×3 840	640	4.0	48 dp	192
××hdpi	1 080×1 920	480	3.0	48 dp	144
×hdpi	720×1 280	320	2.0	48 dp	96
hdpi	480×800	240	1.5	48 dp	72
mdpi	320×400	160	1.0	48 dp	48

（2）Android手机主流尺寸。实际开发中，主流尺寸是2倍图720×1 280及3倍图1 080×1 920，没有要求默认的是2倍图720×1 280。

根据目前市场主流设备尺寸来看，要用1 080×1 920 px来做安卓设计稿尺寸，如图3.2.2所示。

（3）以1 080×1 920 px作为设计稿标准尺寸的原因。从中间尺寸向上和向下适配的时候界面调整的幅度最小，最方便适配，大屏幕时代依然以小尺寸作为设计尺寸，会限制设计师的设计视角，用主流尺寸来做设计稿尺寸，极大地提高了视觉还原和其他机型适配。

所以做安卓设计稿时请以1 080×1 920 px来做设计稿（Sketch用户以540×960来做设计稿），如图3.2.3所示。

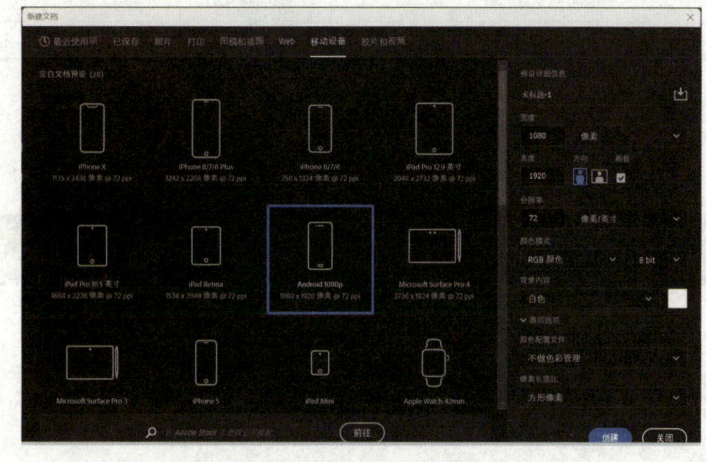

图3.2.2　Android手机设计稿标准尺寸　　　图3.2.3　Android手机设计稿大小

（4）Android系统dp/sp/px的换算见表3.2.3。

表3.2.3　Android系统dp/sp/px的换算

名称	分辨率	比率rate （针对320 px）	比率rate （针对640 px）	比率rate （针对750 px）
idpi	240×320	0.75	0.375	0.32
mdpi	320×480	1	0.5	0.426 7
hdpi	480×800	1.5	0.75	0.64
×hdpi	720×1 280	2.25	1.125	1.042
××hdpi	1 080×1 920	3.375	1.687 5	1.5

四、主流浏览器的界面尺寸规范

（1）主流浏览器的界面尺寸见表3.2.4。

表3.2.4　主流浏览器的界面尺寸

浏览器	状态栏/px	菜单栏/px	滚动条/px
IE浏览器	24	120	15
360浏览器	24	140	15
搜狗浏览器	25	163	15

（2）系统分辨率统计见表3.2.5。

表3.2.5　系统分辨率统计

分辨率	占有率/%	分辨率	占有率/%
1 336×768	15	1 440×900	13
1 920×1 080	11	1 600×900	5
1 280×800	4	1 280×1 024	3
1 680×1 050	2.8	320×480	2.4
480×800	2	1 280×768	1

第三节　移动界面字体规范及注意事项

一、移动界面字体规范

（一）类型

1. 在 Windows 下支持的字体

（1）宋体（Simsun）：在Windows系统下大部分的浏览器是默认的，适合小字号，不太适合大字号。

（2）微软雅黑：是目前Windows系统浏览器中最值得使用的。

（3）Arial：Windows系统默认的无衬线英文字体，效果一般。

（4）Tahoma：显示效果比Arial好。

（5）Verdana：小字体显示效果较好。

（6）其他：Windows系统下的默认字体，微软官网、维基百科、Office字体。

总结：微软雅黑为最合适字体，需要设置；英文选择以Arial和Tahoma为主。

2. Mac OS 下支持的字体

（1）华文黑体、华文细黑：同一字体家族的字，是谷歌浏览器（Chrome）的默认字体。

（2）黑体-简：苹果生态最常用字体之一。

（3）冬青黑体（也称苹果丽黑）：一款清晰的专业印刷字体。

（4）Times New Roman：Mac平台Safari浏览器下默认的字体，是最常见且广为人知的西文衬线字体之一，众多网页浏览器和文字处理软件都是用它作为默认字体。

（5）Helvetica、Helvetica Neue：苹果生态中最常用的西文字体，有51个版本。

（6）苹方（PingFang SC）：苹果为中国用户打造的中文字体，字族共六种字体：极细体、纤细体、细体、常规体、中黑体、中粗体。

（7）San Francisco：与Helvetica看上去差别不大，目前已经应用在Mac OS 10.11+、iOS 9.0+、

Watch OS等新系统上。

（8）其他：Mac下默认字体列表：苹果官网、维基百科。

结论：目前苹方和San Francisco为苹果推出的新字体，显示效果也较为优雅，但只有新系统才能支持，而黑体-简和Helvetica可以获得更多系统版本支持，显示效果也相差无几，可以接受。

3. Android 设备系统默认字体

Android设备系统默认字体中文为思源字体，英文&数字为Roboto。

Droid Sans、Droid Sans Fallback：Droid Sans为安卓系统中默认的西文字体，如图3.3.1所示。

图3.3.1　Android设备系统默认字体

4. iOS 设备的系统默认字体

iOS设备的系统默认字体中文为苹方，英文&数字为SF UI Text。支持字体与Mac OS一样，如图3.3.2所示。

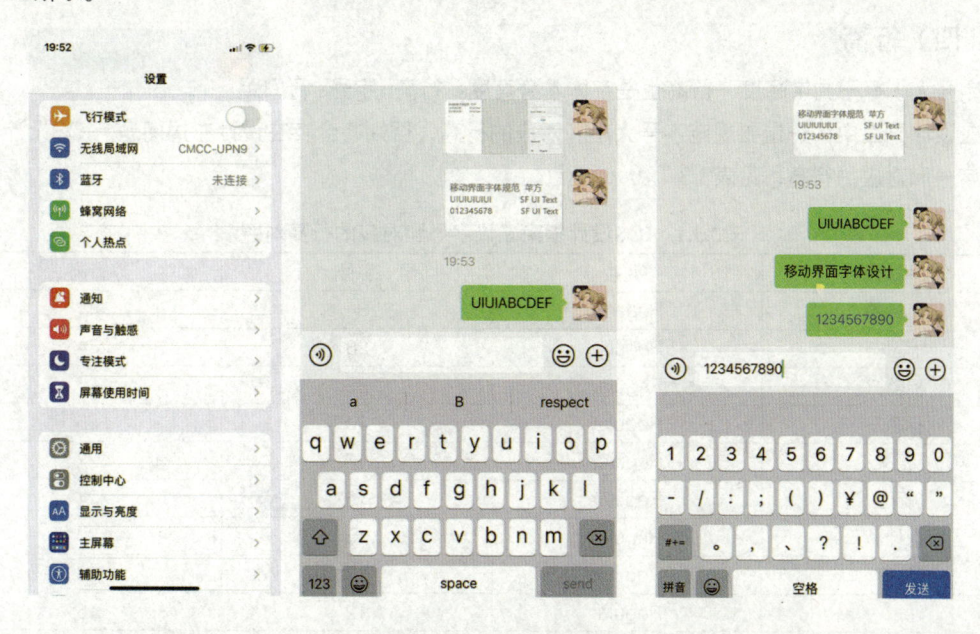

图3.3.2　iOS设备的系统默认字体

（二）字号

不同的使用场景，文字的字号也不尽相同。文字的主使用场景分为一级标题、二级标题、三级标题、正文和提示文字，文字最小字号一般为11；也有特殊情况，如标签栏里面的文字字号为10甚至可能更小。

（三）字重

字重就是指字体笔画的粗细。字重的等级是用来标明同一字体家族中不同粗细笔画的类型。在UI设计中，常用的字重有两个，一个是常规（Regular），另一个是中黑体（Medium）。中黑体常用于标题，增加对比时使用，如图3.3.3所示。

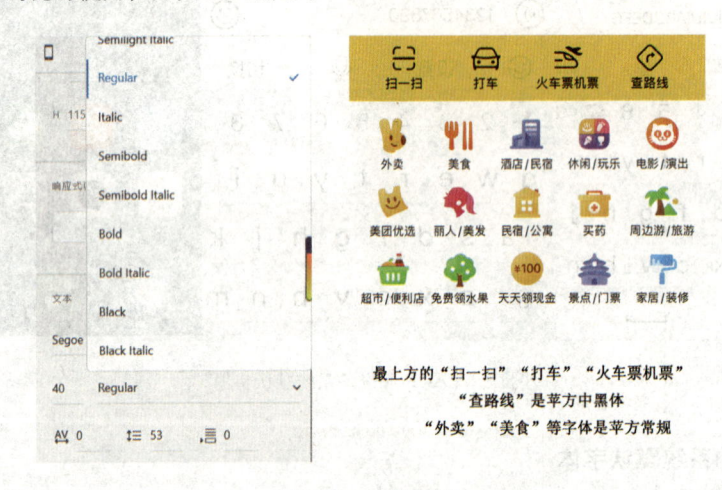

图3.3.3　字重的不同

（四）行高

字号大小等于文字高度，行高也是字体本身高度。行高=字号+行间距。

在设计界面中，一定要规范字号大小和对应的行高，否则将会存在设计布局问题。iOS设计也有建议字号和对应的行高，见表3.3.1。

表3.3.1　iOS设计指南建议字号和对应的行高对照

使用场景	字重	字号	行高
大标题	Regular	34	41
标题一	Regular	28	34
标题二	Regular	22	28
标题三	Regular	20	25
正文	Regular	17	22
标注	Regular	16	21
副标题	Regular	16	20
注解	Regular	13	18
注解一	Regular	12	16
注解二	Regular	11	13

（五）行宽

行宽=字体宽度+两侧距离字体的宽度。

（六）颜色

字体颜色有两种规则做法：一种是直接使用色值，如规定#073af7等固定的色值；另一种是通过不透明度实现，通常以一种颜色为基准，改变颜色的透明度，如图3.3.4所示。

图3.3.4　图透明度的不同

二、字体规范注意事项

（一）避免使用易产生歧义的字体

本着实用原则，采用差异化字体，有助于用户对字母或单词进行区分，从而使用户得到更佳的阅读体验。这一切都是细节设计，为用户提供更加周到的服务。

在区别外形类似的字母或字符的同时，一定要注意稀有字体的使用，由于这种字体无法辨认，给用户在用户界面上对文字信息的理解带来了困难，同时容易产生阅读障碍及歧义。

总之，为避免在相似字体上阅读或采集信息时产生歧义现象，有时需采用装饰性字符解释相似字符间的区别，从而增加字符识别度。另外一个减少歧义、增强文本识别的办法就是采用通用字体。通用字体还可以帮助用户避免阅读障碍。

（二）把握字体粗细，避免造成含糊的视觉效果

Photoshop里的Arial字体有常规、斜体、粗体等。不同种类的字体，其视觉效果与感觉是不一样的。

粗体字体比较醒目，所以在移动用户界面视觉设计中，字体可按用户界面要求设置成粗体。除软件系统所含粗体字体外，破折号也可用于字体粗化。

在手机电子书电子阅读界面设计中，若需要突出电子书章节名称，可据此对文字进行粗化。然而过大的粗体会影响对文字的识别，并会造成图片效果的模糊不清。

总之，UI上进行文字设计时可适当对文字进行加粗来凸显其内容，但是要注意避免因字体粗大而导致的模糊。模糊的文本字体不仅会导致用户易产生视觉疲劳，而且会增加字体加工的困难。

（三）巧用文字大小，让界面更富视觉享受

如果UI上所有的字都是大写或小写，那么UI上的字看起来就会略显枯燥，与用户的阅读习惯不符，也会加大用户阅读的障碍。通常，可采取穿插大写字母这一常规方法，使用户在文字信息变化时更加便捷。

用户倾向于选择并接受较单纯的阅读方式，通常有如下几种搭配：标题文字可完全大写；描述性内容文字可大写。

（四）注意字体、字体尺寸与易读性

1. 统一的字体，不统一的尺寸

在UI界面设计中，有时统一字体会使界面显得更整齐，有效地将不同部位的文字信息区别开来

显得尤为重要。改变字体和尺寸可以说是更好的解决办法,可以使界面处于统一而不乏变化和差异。文字有所强调和凸显,消息会更引人注意。

设计有较多文字说明界面时,可使用如美团界面中的文字设计。图3.3.3中界面上有多处表示不同含义和不同作用的文字说明,为使界面看起来整齐,它们均选用统一字体"微软雅黑",但是要分辨出这些字所属的部位和作用,还需将其设置成不同大小和规格。

改变字体大小和尺寸可以使界面统一而不乏变化和差异。在同一部位的文字说明中,应使用同样大小的字体。例如,同属于说明选项的文字,应使用同一大小的字体进行搭配组合,这样可以使界面信息分布看起来有节奏感和规整感。

2. 无须缩放操纵也能轻易阅读

当文字尺寸太小不便阅读时,可通过某些手势操作将其放大后再接着读,但这样的操作无形中加重了用户操作的负担,当看电子书时这样的阅读体验将变得异常不好。为使用户获得较好的阅读体验则需设定合理的大小,一般界面文字大小不应低于11号,以保证常规视距内,不需缩放即可清晰阅读。

总之,在为界面内文字信息设计合适的字体、尺寸和界面布局时,要避免用户需要将界面放大或缩小才可以顺畅读取的问题,提高用户浏览界面信息的效率,节省用户的时间,使用户得到更好的使用感受。同时,该设计可以使界面上文字内容看起来疏密有致且大小平衡,提高界面信息易读性的同时美化界面视觉效果,便于用户阅读和浏览体验,还可以给用户带来更好的视觉感受。在UI用户界面设计中,字体保持一致有时会让用户界面显得更加整洁。

(五) 注意间距与阅读流畅体验

调整间距能使阅读界面有较好的节奏感;UI界面设计间距密集的现象可以归纳为两种情绪,其后果均不能使用户良好地阅读。

恰当地调节间距可以使拥挤和稠密的词语容易被阅读,同时还可以使用户对阅读产生兴趣。但是应该看到间距的变化会占用接口的空间并可能会产生信息不能充分显示的问题,这时就有必要设计出便捷和平滑的操控手势,以便于用户在操作时平稳浏览信息。

在遵循UI界面规范的同时,也要加强自身的创新意识,创作出更适合时代的文化产品。党的二十大报告中指出:深化科技体制改革,深化科技评价改革,加大多元化科技投入,加强知识产权法治保障,形成支持全面创新的基础制度。培育创新文化,弘扬科学家精神,涵养优良学风,营造创新氛围。由此可见,国家高度重视知识产权保护,鼓励我们全面创新。与此同时,国家也在大力支持原创性创作,党的二十大会议中指出:以国家战略需求为导向,集聚力量进行原创性引领性科技攻关,坚决打赢关键核心技术攻坚战。加快实施一批具有战略性全局性前瞻性的国家重大科技项目,增强自主创新能力。加强基础研究,突出原创,鼓励自由探索。在国家大力发展繁荣文化事业和文化产业的大环境下,国家也为我们提供了知识产权等方面的法律保障,所以我们应该在尊重原创性的基础上积极创新、自由探索,创作出更符合时代、契合人民利益的UI设计产品。

第四章　UI界面的图标设计及其规范

用户界面图标设计是人机界面开发的另一个新兴领域。图标作为一种视觉交互的方法正在蓬勃发展。长期以来，我们都或多或少忽视了对界面图标设计的研究，仅有的研究都集中在心理学领域，而设计研究较少涉及。但在现实中，图标设计的好坏直接决定了图标是否能够执行相应的交互功能。图标设计为计算机用户界面提供了新的内容。图标设计不同于其他图形符号：一是不同图标的显示方式不同；二是受限于显示载体的瓶颈。

第一节　图标设计的基本理论

一、用户界面与图标

界面是人与机器进行信息传达的窗口，图标成为信息传达的视觉语言。用户界面（User Interface，UI）也称使用者界面，是系统和用户之间进行交互和信息交换的媒介，它实现信息的内部形式与人类可以接受形式之间的转换。

广义的人机界面是指人与机器之间的相互作用的媒介，用户通过它以视觉、听觉和触觉接受信息，经过人脑的识别、加工、决策，然后做出反应，实现人机信息传递。狭义的人机界是指计算机系统中的人机界面，即软界面。

随着半个多世纪前计算机软件的出现，用户界面发生了许多变化，经历了两个截然不同的阶段。第一代是文字中的字符用户界面，即使用菜单、命令、对话等，如常见的命令行、字符菜单等。第二代是基于交互式多媒体、用户体验和开放平台的平台框架，现如今正朝着多媒体、多通道界面、虚拟现实的方向发展。

图形用户界面也被称为WIMP界面，即窗口（Windows）、图标（Icon）、菜单（Menus）、指示器（Pointing Device）四位一体形成桌面（Desktop）。其中，窗口是主要的交互区域，主要由标题栏、菜单栏、工具栏和工作区组成。图标是用于识别对象的图形字符。它们大多是由第一次接触时应牢记的术语符号组成，如收缩、关闭等；有些字符取自生活，与象形文字类似，不需要强制记住。例如，喇叭图标是音量控制、小房子图标是主页图标、邮件信封图标是信息等。

由此可见，在图形用户界面中图标被称为界面的交点，图标成为人与机交流的链接点，人们通过图标获得准确的信息。

二、手机图标的发展历程

手机图标的发展是突飞猛进的。从1983年第一台手机DynaTAC8000X诞生，手机也从最开始仅满足接打电话、发送短信等基本功能逐渐向智能机、掌上计算机发展，2002年3G网络的出现，以及近年来5G网络的普及，手机屏幕尺寸越来越大，实现了手机图标的功能作用。用户通过点击、触摸图标实现交互功能，手机定位也从功能性向娱乐性转变。

从技术上说，最初的手机屏幕上有黑色、白色和蓝色三种颜色，此时的App图标是抽象的线条图形。创造性的手机图形源于日常生活的具象图形，表现手法上采用抽象的集合图形，图形形象简洁，含义明了，功能突出。使用这些隐喻手法，日常生活中常用的物品功能代表手机图标的具体功能，如记事本图标就是实物记事本图形。之后，手机的图标不仅是技术上有了突破，图标形式风格也越发变得多样化。

1. 彩屏时代极简风

2000年1月，彩屏手机D502i上市，手机App图标采用抽象线条图形，具有极简主义风格。相比较黑、白色图标，彩色图标在形式上更加精致，外观更加简洁，一枚枚图标更具现代感。

2. 图标品牌化

2007年，3G网络在中国登陆，宽带和手机硬件技术的进步，手机上网、手机智能化程度是行业标杆。无论国产手机中华为手机的鸿蒙系统、小米手机的安卓系统，还是苹果手机的iOS系统，桌面图标趋向于拟物化、超写实风格，3G移动互联网接入的功能也得到了改善，许多社交图标（如QQ、微信、微博）成为手机图标新组成部分，各类视频网站、社交网站、游戏网站终端也展现在屏幕上，这也表明了手机功能从单一化向多元化发展的趋势。

3. 手机智能化

2007年6月29日，第一代iPhone在美国正式上市，iPhone的出现颠覆了移动电话的传统功能，从此手机智能化成为全新趋势。

与手机功能共同蜕变的，还包括App图标的变化。在保持App图标原有说明功能的同时，iPhone App图形形状也变得更加柔和，色彩更加绚丽，图标设计得更加精致，所有图标外形都被圆角方形所取缔，排列成行的图标使整个手机界面看起来更加统一、有美感。手机娱乐化功能得到最大限度的彰显，而各类图标（如游戏性图标、社交类图标、工具类图标等）充斥在屏幕上。手机的使用功能已经不能满足人们的需求，人们更多的是需要时尚的精神、科技感的体现，如图4.1.1所示。

图4.1.1　手机图标发展历程

三、图标（icon）的含义及发展

美国著名逻辑学家、符号学家查尔斯·桑德斯·皮尔斯，按照符号与符号所指代的事物之间的联系对符号进行分类，即符号三分法：类象符号（icon）、指示符号（index）和抽象符号（symbol）。他认为符号应该传达一些社会信息，这是一种社会传统，而不是个人赋予的特殊意义，只有具有规约性质的信息才能是符号的所载之"物"。同时，符号必须是物质的，只有这样，它才能作为信息的载体被人所感知，为人的感官所接受。类象符号所指代的往往是在一种本质上不同于载体本身的信息，它们之间的照应关系纯粹取决于两者之间的某种相似，通过两者之间的类比，可以清楚地揭示事物的特征。当然，无论事物是抽象的还是具体的，只要其两者之间存在相似性，就可以通过设计者的写实或模仿来表征其对象，这就是符号语言本身的定义。

为了便于理解，也可以把具有广泛性概念的图标分为广义与狭义的。

1. 广义的图标

广义的图标是研究人类如何使用符号来传达意义的，包括文字、信号、密码、符号、图腾、手语等，皆称为"符号"，主要是我们常说的传统媒体下的平面设计、广告设计所包含的各类内容。

2. 狭义的图标

狭义的图标是指在计算机出现以后，特别是在互联网发展的背景下针对数字化新媒体进行设计的，表示命令程序的符号、图像，通常可以称为"图标icon"，或简称"icon"。

3. 其他定义

图标的概念及图标设计是随着计算机的发展而发展起来的。自从计算机问世以来，图标的概念就包含了新的内容。图标以图形符号形式传播信息，对信息内容进行规划和分类。1975年David Canfield Smith在其博士论文中第一次提出"图标"术语。

Jef Raskin是苹果机早期创始人之一，他定义图标为"那些我们熟悉的用于识别按钮和其他对象的小图片"。

Alan Dix等人所著的《人机交互（第三版）》中把图标定义为"可以用来表示窗口或系统的其他项目的小图片"。然而，他们不仅把图标限定为计算机系统中的一个术语，而且将其特指为视窗图形环境下的概念。

Ben Shneiderman著的《用户界面设计》认为，在计算处理的核心观念中图标是图像、图片或是表示概念的符号。

孟祥旭、李学庆等人所著的《人机交互技术——原理与应用》一书中把图标定义为"图标是可视地表示实体信息的简洁、抽象的符号"。

鲁晓波教授和詹炳宏教授在2006年合著的《数字图形界面艺术设计》一书中对图标做了如下定义："图标出现在软件界面中还是一件不久的事情，它通常被认为是诸如文档、存储介质、文件夹、应用程序以及垃圾桶等对象的图形替代物"。廖宏勇教授在2010年编著的《数字界面设计》一书中对图标做了进一步的界定："图标是具有明确指代含义和特定功能的图形标识，是区别于程序语言命令的视觉命令形式，它具有交互的特点，是实现计算机功能的重要载体"。如图4.1.2所示为图标特性示意。

在用户界面条件下，图标应包括以下几点：

（1）图标的交互性。图标用于交流、沟通、互相沟通。

（2）图标的指点性。图标是基于指点设备的。这个特征说明图标是可点击的。

（3）图标的所指性。图标代表或隐含某种功能。

（4）图标的图形性。图标主要用形象化的图形、图形符号来表达功能含义。

（5）图标的识别性。图标易于识别和记忆。

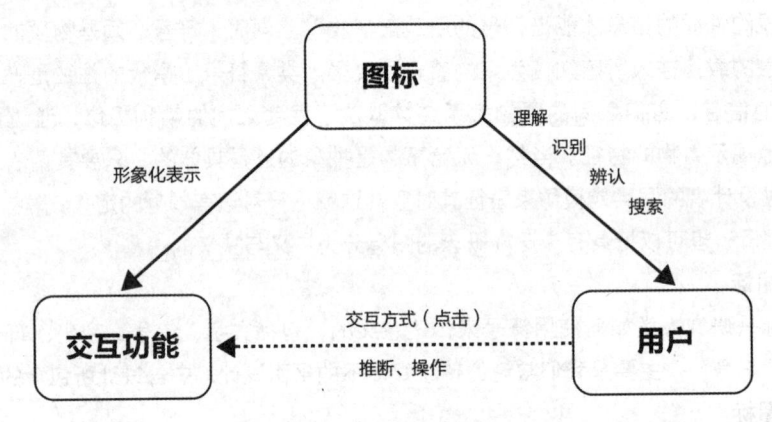

图4.1.2 图标特性示意

如图4.1.2所示，在向用户传递信息的图标上：用户将通过单击图标、双击图标、拖动图标来执行计算机程序，从而实现相应的功能，用户可以与计算机界面达到互动。从1981年图标在计算机操作系统中的使用到现在，图标发展历程中可以看到图标的历史变化趋势，从平面到立体，从色彩单一到彩色，从一个维度到另一个维度的趋势正在发生变化。图标已经被广泛使用在计算机、iPad、手机等数码产品上面，人与机器对话呈现出人性的便捷。

4. 图标的作用

图标对软件设计意味着一种含义，而对于研究标志和符号的专家来说又是另一种含义。我们称工具和其他可视控件上的图形符号为图标，但在符号学中，图标有三大类：象征性符号、指示性符号、相似性符号。图标属于符号三个基本分类中的一个。

用户界面图标有着明确指代含义和一个特定的功能，以一种直观、清晰、亲切的方式向它的用户传递系统、程序信息。图标简洁醒目的造型在视觉上吸引用户的注意，激发用户点击欲望，用户在交互过程中与人机界面建立良好的信任感。功能性是用户界面图标符号性特征主要方面，体现在象征作用、指示作用和相似作用三个方面。

（1）象征作用。图标符号的象征主要意味着图标的用户界面，一个自然的对象作为创意的来源，通过暗示、隐喻手法，将熟悉的生活操作模式转移到界面中。如图标中按钮"按"的功能，开关"左右移动"动作，在现实生活和数字界面建立起易理解、易被用户接受的操作方式。

（2）指示作用。图标符号的指示是指在交互过程中，图标具有指引、诱导、吸引用户作用，并在交互过程中享受"玩"的乐趣、电子产品的技术感和时代性。指示图标是刻板思维的一种可视化、图形化，它代表了物体的时空相关性和因果关系，使用户便于感知和进行有效的信息处理。

（3）相似作用。图标符号的相似度主要指形象的相似。虽然图标的设计是以再现事物外部特征和传递功能为主，但信息的承载和传播方式决定了图标的视觉构成必须简洁，以确保图标的直观性，同时为用户提供足够的空间来解读界面，使用户从简洁、直观的造型中联想到现实中具体事物，在符号的指涉对象之间更好地完成语义的转换。

四、图标设计的含义

UI界面的图标设计，广义上的含义是指一切带有指示性的或命令的标志和符号；狭义上的含义是数字化显示屏上显示出来的图形，也可以简单地理解为用来指引用户进行操作的图形符号。在智能设备中，图标设计具有很强的代表性，代表用户界面的初始介绍和用户在使用过程中的方向。图标设计是界面设计的核心，它还向用户展示了非常直观的视觉感受和认知媒体。如果将智能设备的界面与人进行比较，则界面图标就是这个人的衣服。服装的设计、颜色和风格将影响家居的选择和使用。

五、UI图标设计的分类

1. 交互图标

交互图标不仅体现用户界面中的显示功能，而且参与用户交互，是导航系统不可缺少的一部分。它们可以被点击和响应，帮助用户执行特定的动作，触发相应的功能。

2. 装饰和娱乐图标

装饰和娱乐图标通常用于增强整个界面的美学和视觉感知，而不需要明显的功能，但它们也很重要。该类图标满足了目标用户的喜好和期望，具有特定的外观风格，提高了整个设计的可靠性和可信性。更具体地说，这些装饰图标不仅吸引和留住用户，而且使他们作为一个整体更加活跃。装饰通常是季节性和周期性的。

3. 应用程序图标

应用程序图标代表不同操作系统平台上各种数字产品的输入和品牌，它是数字产品识别的象征。在大多数情况下，它将品牌标志和颜色集成到图标设计中。一些图标将结合吉祥物的颜色和公司的视觉标志。一个好的应用程序图标设计实际上是将市场研究与品牌设计相结合。它的目标是创建一个用户不会很快在屏幕上找到的可见设计。

同时，UI图标设计的分类往往作为行为的视觉辅助元素存在于文本中，以提高对信息的识别能力。大多数时候，用户会使用这些解释性图标来获取信息，而不是匹配文本。

第二节　icon的设计规范

一、图标视觉形态要素

用户界面中的图形符号设计符合用户的知觉和思维理解（在这里知觉主要指用户通过眼、耳等生理器官去感知屏幕信息），传达的信息使用户直接感知，不需要通过努力思考去理解这些信息所表达的含义，从而达到减少用户使用时间、出错率和提高使用满意程度的目的。

图标作为一种信息传递手段，是用户界面中准确、美观的重要标志。图标是一种具有指示、象征等意义的图形。同时，图标具有记忆功能，可以通过直观或抽象的图形快速传递其本身指代的信息。界面图标是狭义概念，缩小了使用范围。要基于使用真实生活环境中常见的、共识的元素去设计图标，图标图形的信息传达快速和有效是第一要素。

视觉图形作为图标的表达语言被广泛使用。图标是一种具有一定替换价值和特定功能的图形符号。它不同于编程语言指令的视觉形式，它具有交互性，是实现计算机功能的重要载体。法国科学家J.Bertin深入研究了视觉形态的要素，提出了6个视觉变量，即形状、尺寸、方向、亮度、密度、色彩。随后，视觉变量的内容不断扩充，图标的认知因素也得到丰富。因此，能整体上反映图标认知的基本因素除J.Bertin提出的6个视觉变量外，还存在着空间排列、数量等因素。

1. 形状

形状是辨识物体的最主要方式，人们习惯于通过外形轮廓来辨识物体。如将蓝绒线织成菠萝形状：人们仍然认为它表达的是菠萝，不过，辨识不同的形状比辨识其他属性（如颜色、尺寸）需要更高水平的注意力。这意味着，如果想吸引用户注意力，形状并不是用来产生对比的最佳属性，形状作为辨识物体的一个因素，具有明显的弱点。如在早期MacOS系统中iTunes和iDVD图标经常会被混淆。虽然这些图标形状不同，但大小、颜色、纹理是相似的。图标形状由外框形象和图案构成，为了保持用户界面整体性，图标外框一般是圆角方形。格式塔心理学视知觉理论指出，人类视觉是趋于整体的，人们的视觉系统自动对视觉输入建构结构并在神经系统层面上感知形状、图形和物体，而不是只看到互补相连的边、线和区域。

2. 尺寸

多数情况下，图标依据用户界面功能的需求而确定。在不同操作系统中，对图标的大小要求是不一样的。在Windows系统下统一使用的尺寸有4种：16×16、24×24、32×32、48×48（单位：px），同一图标内容在不同场合中尺寸也不同。在苹果系统中，最大尺寸一般是128。苹果系统中Dock图标尺寸放大功能也颇具特色，当鼠标指针置于桌面Dock上时，图标就会放大，其周围图标也会随距离缩小，效果自然。在手机功能菜单中，9宫格菜单图标大小一般为32×32 px，6宫格菜单图标大小一般为70×70 px。

3. 色彩

界面中的图标颜色与显示设备直接相关，数字类别设备具有向下兼容性，显示设备也一样。黑白图标通常显示在高清彩色屏幕上，而彩色图标不显示在黑白屏幕上。这就是图标颜色与颜色深度密切相关的原因。Windows系统和大多数手机屏幕都支持32位色彩图标，但这并不意味着在创建图标时可以不受限制地使用颜色。通常，设计同一家族的图标会把色彩使用的数量控制在一定范围内，例如几十种。这有助于在同一个主图标上保持视觉效果的一致性，从而创建统一、完整的界面外观。其次，控制色彩的使用量，尽量选择纯度较低、柔和的色彩，使视觉效果图标适应长期观察，避免眼睛疲劳，同时也能有效避免色彩过亮而导致的效果混乱。

4. 图案

《辞海》艺术分册对"图案"条目的解释："广义指对某种器物的造型结构、色彩、纹饰进行工艺处理而事先设计的施工方案，制成图样，通称图案。"

图案是在交互界面中显示给用户的图标。图标的显示主要是通过选择合适的模板来实现，用户对模板的理解决定了图标的取值。用户识别图像，定义图像，并意识到图标符合交互概念。图案也由形状、颜色等图形要素构成，图案的图形要素与图标的认知因素所指不同，图标的形状、尺寸、颜色均是针对图标的整体而言，而且图案的图形要素有些已包含在前述内容中的图标认知因素之中。图标主要指的是图像表达的内容，即我们关注的是图标选择了什么事物的形象或特征作为图案来表达特定的交互概念。

二、图标设计要点

一般来说，图标应由具有指代意义和有此功能的图形、符号构成，图标的设计要以信息准确传达为目的，所以要采用最简洁的形象化语言来表现设计构思。图标设计的要点如下。

1. 一致

同一家族的图标要追求风格一致，同一系统的不同图标（如操作系统图标和应用程序图标等）也要追求一致的视觉效果，这样才能保证整个界面风格的统一。

2. 兼容

兼容一方面指的是图标的隐喻意义在各个文化中均有一致或相似的意义，避免产生歧义；另一方面兼容也指图标的设计与硬件、软件系统之间的兼容，要充分考虑硬件、软件系统的基本情况，在此基础上设计图标才能广泛适用。

3. 简洁

尽量避免使用一些可能会引起干扰的视觉要素，如文字。文字在图标设计中表意存在一定困难，尤其是中文文字，使用不当的话反而会使图标传达的信息含糊不清。

4. 识别

图标其隐喻与造型的方式应尽可能体现亲切感，在图标设计中形式美并不是关键，关键在于用户看到图标后能马上识别并了解图标所代表的意义。有时候简洁可能会带来识别的困难，到底出现多少细节才能构成识别同样是个"度"的问题。

三、图标的分类

图标设计随着计算机用户的普及而多样化。在20世纪80年代的图标设计中，由于技术上的限制，图标具有单色特性，颜色被限制为一种或较少几种颜色，计算机硬件只支持较小的点阵面积，图标细节方面弱化，单个图标图形与功能之间的映射关系被凸显，最简单的几何图形成为这一时期图标的独特特征，成为经典。20世纪90年代，用户界面图标设计出现拟物化趋向，以写实手法为主，阴影效果、渐变颜色使图标更加逼真，各种图标表现角度更加科学。自从图标设计开始成熟，图形视觉元素和功能就可以达到很好的平衡。

自2000年以来，随着计算机技术的进步和软硬件的现代化，图标的多样化和个性化成为可能。苹果系统拟物化图标引领时尚潮流，国内外众多设计师趋之若鹜，图标细节表现成为评价图标优劣的标准。国内外交互设计部门对图标设计重视也促使各种风格大放光彩，简洁风格、复古风格、拟物风格、扁平化风格等成为主导。

现如今图标的风格繁多，很多设计师都有自己的风格，有人把图标分为扁平化、拟物化、MBE风格等。但从专业的角度来说，图标只分为启动图标和功能图标两类。扁平化、拟物化、MBE风格等，都只是艺术形式的不同而已。

1. 启动图标

启动图标通常位于系统桌面、设置栏等地方，用户通过双击或单击可以打开并运行一个软件或应用的图标，它是软件标识，如图4.2.1所示。

2. 功能图标

功能图标是进入软件或应用（或网页）后所见到的所有图标，其含义清晰，比文本更直观，可用于替换或补充文本，以便快速、正确地引导用户。图形必须符合公众的认知习惯，以提高应用程序的可用性。功能图标分为引导性图标和装饰性图标。

引导性图标常位于App的导航栏、标签栏，起到引导用户执行正确操作的作用，如图4.2.2所示。

装饰性图标常位于设置页或用户中心的列表里，它并没有太多引导性的作用，更重于装饰、美化页面，从而在一定程度上提高用户体验，如图4.2.3所示。

图4.2.1 手机应用程序标识类图标

图4.2.2 "京东"位于顶部导航栏和底部标签栏引导性的图标　　图4.2.3 "网易云音乐"侧边栏部分图标

四、基于情感需求的UI界面中图标设计的原则

因UI界面中的图标设计是在一定的规范和原则指导下开展的，为此需要图标设计中涉及的色彩搭配、布局、样式、风格都需要遵守一定的原则。图标设计的基本原则是通过对用户需求的分析，将其转化为图标设计的指导性方法。

1. 一致性原则

在设计图标、样式、风格等时要保持一致性，例如，图标的底板样式有隐藏底板、圆角矩形、不规则形状、圆形、多边形等形状，其他形状在同一主题样式下，通常保持底板的统一性；图标形式主要包括线性图标、扁平化图标、拟物化图标，设计人员在设计过程中应注意它们的统一性。

色彩的搭配也要有一定的统一性，要给用户留下一个色彩记忆的点，要能够在用户短暂使用以后留下深刻的印象。

2. 创新性原则

图标是用户对界面认知的开始，一款好的图标要能够吸引并留住用户，因此，在造型和创意上都要独具匠心、新颖别致，从视觉上抓住用户，从心理上抓住用户的使用习惯、认知习惯。

行为层设计主要从图标的含义、比喻体的易用性出发，考虑用户能否很好地认知图标，明确图标比喻体代表的意思，理解图标的作用。

3. 识别性原则

易于识别是图标设计的重要组成部分。无论是特定的图标元素还是抽象的图形表达式，对用户来说，都应该易于理解和记忆，而不会增加用户的使用负担。在图标出现的早期，图标的风格是拟物化的，用现实生活中的物品来表达图标。如计算器图标元素对应生活中的计算器，与图标上的形状类似；通话图标元素对应生活中的座机电话等，这样用户在使用过程中很少遇到感知问题。现如今，一些设计师做主题完全放弃了对图标的认知，只注重图标的视觉感受。例如，有些图标使用不同的卡通形象来表示不同的图标，但在识别上存在障碍，使用时基本靠习惯决定，增加了用户的学习和认知时间。因此，在设计图标时，易用性原则是很重要的，也是情感化设计中行为层的重点。

4. 准确性原则

在图标设计过程中，比喻体的选择和确定是需要谨慎处理的。用户的使用习惯是经年累月积累下来的，新鲜事物虽然具有创新性，但是在形式创新的同时，便于用户准确认知才是关键。

5. "潜规则"

"潜规则"指的是有些图标的文字解释和图形两者是约定俗成的组合，不宜更改。例如，小房子代表首页（图4.2.4）；齿轮代表设置（图4.2.5）；"一寸照"代表用户中心；五角星代表收藏；放大镜代表搜索（图4.2.6）等。这类图标已经被大众所接受，无论图标艺术表现形式如何，始终不会跳出这样的搭配。当然，"首页""主页"有时也会用启动图标的造型来代替，这样的处理方式也并不少见。

图4.2.4 "首页"都是用小房子来表示

图4.2.5 "设置"都是用齿轮来表示　　　　图4.2.6 "搜索"都是用放大镜来表示

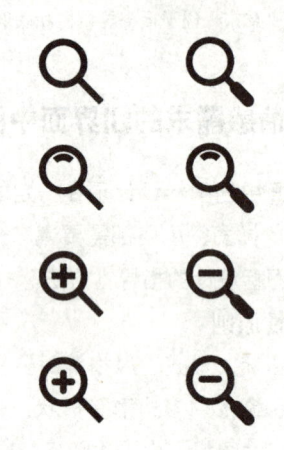

第三节　扁平化图标设计

一、扁平化风格分析

扁平化设计风格也称简约设计风格、极简设计风格。其核心是消除多余的装饰效果，剔除高光、阴影等可以产生透视的效果，通过抽象、简化、符号化的设计元素来表现。界面UI上也使用扁平化设计，采用抽象的方法，使用矩形色块、大字体，光滑感、现代感强。扁平化设计成为目前互联网设计的主流方向。扁平化风格运用在手机、平板计算机上，能使整体更加干净整齐、简洁明了。

扁平化风格与拟物化风格形成鲜明对比，扁平化在移动系统上不仅界面美观、简洁，而且降低了功耗，延长了待机时间，提高了运算速度。

二、扁平化风格的优点

（1）降低移动设备的硬件需要，提高运行速度，延长电池使用寿命和待机时间，使用更加高效。

（2）简约而不简单，搭配一流的网络、色彩，让看久了拟物化的用户感觉焕然一新。

（3）突出内容主体，减弱各种渐变、阴影、高光等模拟真实视觉效果对用户视线的干扰，信息传达更简单、直观，缓解审美疲劳。

（4）设计更容易，开发更简单。扁平化设计更加简约，条理清晰，在适应不同屏幕尺寸方面设计更加容易修改，有更好的适应性。

三、扁平化风格的缺点

扁平化风格虽然有很多优点，但对于不适应的人来说，也存在一些弊端。

（1）在色彩和立体感上的缺失，使用户体验度降低，特别在一些非移动设备上，设计过于简单。

（2）设计简单造成直观感缺乏，有时需要学习才可以了解，造成一定的学习成本。

（3）简单的线条和色彩，造成传达的感情不丰富。

四、扁平化设计的原则

扁平化设计虽然简单，但也需要技巧，否则整个设计会因为过于简单而缺乏吸引力，甚至没有个性，不能给用户留下深刻的印象。扁平化设计可以遵循以下原则。

1. 拒绝使用特效

从扁平化风格的定义可以看出，扁平化设计是极其简化的，为了尽可能地去掉多余的装饰效果，在设计中追求二维效果，所以与力求达到多余的装饰效果的拟物化风格不同，使设计与设计风格完全对立时，去掉阴影、斜面、浮雕、渐变等装饰形式，远离现实，用抽象、简化或象征的方式表达。

2. 使用极简的几何元素

在扁平化设计中，按钮、图标等使用几个简单的几何元素设计，如矩形、圆、多边形等，使设计总体上接近极简主义的理念。通过简单的图形达到设计目的，对于相似的集合元素，可以用不同的色彩填充来进行区别的同时简化按钮和选项，做到极简效果。几何形体扁平化图标如图4.3.1所示。

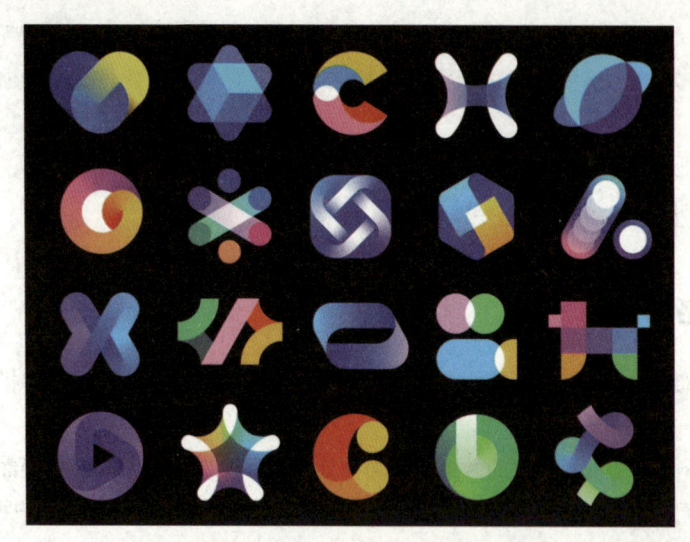

图4.3.1　几何形体扁平化图标

3. 注意颜色的多样性

在扁平化设计中，颜色的使用是非常重要的，力求色彩鲜艳、明亮，在选色上要注意颜色的多样性，以更多、更炫丽的颜色来划分界面不同的范围，以免造成平淡的视觉感受。

第四节　拟物化图标设计

一、拟物化风格分析

图标是一种时代的、个性化的视觉符号形式，它经历了拟物化阶段，并在未来向扁平化发展。立体形态是图标拟物化设计外在表现形式，以自然物为摹本，造型、色彩、材质、质感模拟真实自然物，采用写实表现方法、精致细节、艺术处理。随着科技的进步，涂鸦风格、剪影、3D、写实风，甚至各种各样的材质手法，软陶瓷的概念图标的创作得以实现。拟物化风格也称为写实风格，即据实直书，真实地描绘事物，如图4.4.1所示。

二、拟物化风格的优点

拟物化图标基本上使用生活中原有的物象来反映产品的功能，同时图标的内部加入更多的写实细节，如色彩、3D效果、阴影、透视效果，甚至一些简单的物理效果，使用户认知时一目了然，视觉刺激强烈，极大地提高辨识程度。但有时写实的设计并不一定是原始的意思，可以是一种近似的表达，例如，眼睛图形可能不代表"眼睛"，而代表"查看"或"视图"；齿轮状的图形不一定代表的是"齿轮"，可能是"设置"，也可能是"调整声音大小"。以齿轮图形为原型的拟物化图标如图4.4.2所示。简而言之，拟物化图标无论是面对真实存在的物体，还是想象出来的对象，其总是在描述一个真实存在的事物，而不是抽象的符号。

　　拟物化图标的实际设计不一定将其完全描述为原始对象，有时只需简单地描述基本元素即将重点部分表达出来就可以了。例如，我们经常在用户界面上看到主页上的按钮通常以小房子为图标，但我们发现小房子并不是完全根据房子的实际细节全部还原的，而是简单地展示了它的基本元素。

图4.4.1　拟物化图标设计　　　　　　图4.4.2　以齿轮图形为原型的拟物化图标

三、拟物化风格的缺点

　　拟物化风格设计对于初次接触电子产品的用户来说，识别直观，易用性强，可以很容易找到操作的入口。但多年一成不变的设计也造成了一些问题，比较突出地表现在以下两个方面：
　　（1）拟物化风格图标流行多年，造成用户的审美疲劳；
　　（2）过度地在意拟物化的细节表现，使用户对产品内容的转化效率变低。

四、拟物化风格设计的注意原则

1. 注意取舍

　　在拟物化图标的创作中，细节太多或太少都有可能造成用户看不懂，所以要注意取舍。可以先在纸稿上绘制UI草图，用来确定哪些细节需要表达，哪些可以省略。当然，如果界面元素和生活参照物相差太远，就会很难辨别；如果太写实，有时也会让人们无法识别要表达的内容。

2. 使用合适的材质和纹理

　　拟物化图标中使用好的材质和纹理，能够让用户得到对品质追求的满足感。如木质、皮质或塑料一般可以使人产生怀旧感，金属一般可以使人产生科技感，大自然中的事物能够唤起亲和感，食物类的质感表现可以勾起人们的食欲感。使用合适的质感与纹理表现，可以使用户的感受从物质感受提升至对美好事物的精神感受。

3. 规划拟物化图标中的光影与色彩

　　拟物化图标中的光影与色彩是还原"真实"物象的重要环节，能使图标从二维平面转换为三维的立体效果。光影与色彩从不同的角度、不同的空间表现出来的组合效果，成为一种独特的视觉语言，带给人们美好的享受。

第五章　界面基本组成元素设计

　　界面基本元素的设计是整个UI设计中最重要的部分，因为在产品开发中，所有的开发方案、前期策划、交互逻辑和技术实现是都是用户无法感知到的，而作为界面中的基本层组成元素，包括UI界面的基本原型设计、网格设计、导航栏设计及各种功能的控制元件的设计是直接被用户看到的，因此，界面中基本组成元素的设计水平直接影响产品的视觉体验。

　　UI界面设计中的基本元素设计是设计方案视觉化的重要一环，需要设计师将产品的具体细节和元素用视觉方式呈现出来，包括应用原型将图标、文字、色彩加以整合，并用合理的方式展现App或网页的导航栏和各部分功能控件，从而提升一个网站产品或App产品带给用户的第一印象。

第一节　UI界面的原型设计

　　UI界面的原型是整个UI布局的基本架构，一个体验良好的网页或App产品一定具有"简单""清晰""高效""扩展性强""人性化""方便维护"的特点，这些特点也更加符合用户体验的标准，一个UI界面的框架设计对于不同的设计师具有不同的内涵。

　　对于程序设计师而言，框架设计是一个产品的核心功能模块的设计，需要使用不同的计算机技术、完善的交互逻辑和计算机语言进行编写实现。对于他们来说，MVC是比较常见的App框架，它包含Model（模型：数据保存）、View（视图：用户界面）、Controller（控件：业务逻辑）。

　　对于UI视觉设计师而言，框架指的是一款产品UI界面各个功能模块、视觉元素的组织，是整个产品开发中的重要组成部分，在设计的过程中，需要融入视觉心理学、设计学，通过计算机表现技术来共同实现。作为各种控件和导航栏的底层功能，需要程序员通过编写代码来实现，而这并不是视觉设计师的主要工作，因此，UI界面的原型设计必须遵循用户的使用习惯和接受度，能够在易于操作的基础上发挥创意，实现不同产品的差异化风格和特色，如图5.1.1、图5.1.2所示。

第五章 界面基本组成元素设计 53

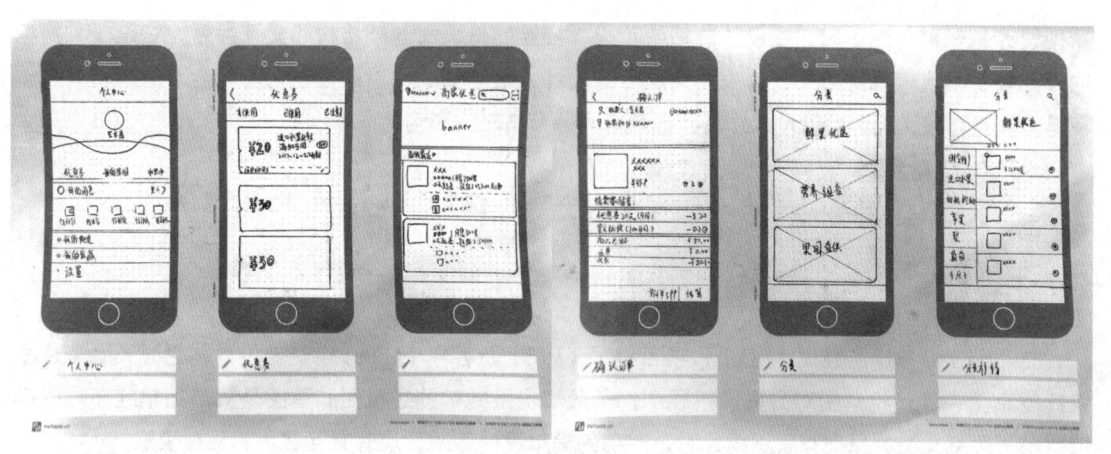

图5.1.1 手绘App线框草图设计

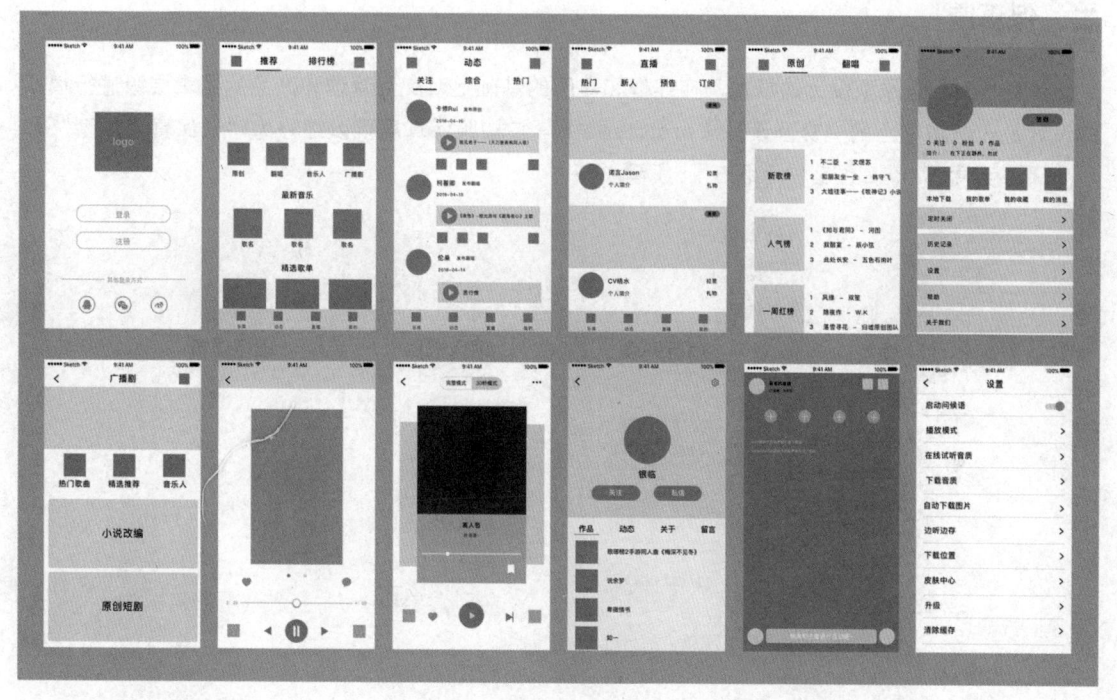

图5.1.2 计算机App线框草图设计

一、原型设计

原型设计（Prototype）是一种交互设计师与产品经理（PD）、项目经理（PM）及客户（Client）交流设计构想、展示产品功能模块和运作的一种直观工具，通常用线框和箭头的方式代表各种功能和展示模块之间的交互关系，如图5.1.3所示。

原型设计对App或网页产品进行整体模拟，在此基础上不断调整设计思路，最终确定设计方案。

原型设计是一种有效手段，在设计的初始阶段，描绘的是页面基础结构和交互关系，它是一种简单的设计稿，不代表最终布局，线框图所展示的设计，最主要的作用是描述功能与内容的逻辑关系，使其他人直观感受设计师的设计思路，提升效率并节省时间和沟通成本。

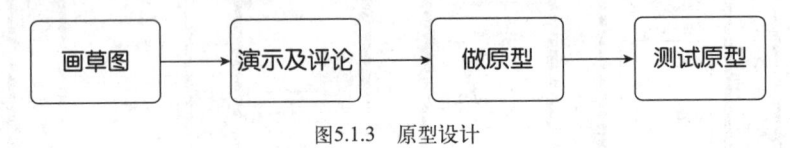

画草图 → 演示及评论 → 做原型 → 测试原型

图5.1.3　原型设计

交互设计师与产品经理（PD）、项目经理（PM）及客户（Client）交流设计构想时，会采用手绘线框草图、计算机草图对方案进行展示，一般情况下纯粹的线框图和草图是对产品单纯布局的模拟，与一般意义上的原型有所不同，它是产品的简单设计蓝图，没有交互展示和触控模拟。

二、保真度

"交互性"是原型设计的根本，在线框和草图的基础上对交互管理和产品的逻辑层级进行模拟的设计是一般意义上的"交互设计（prototype）"它按照保真度可以细分为"低保真度原型"和"高保真度原型"，如图5.1.4和图5.1.5所示。

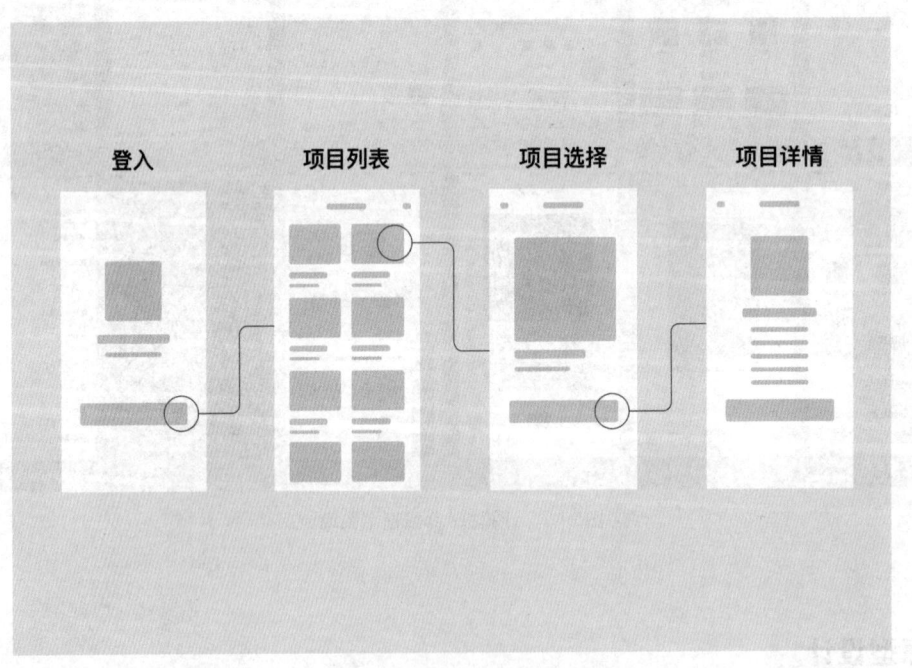

登入　　项目列表　　项目选择　　项目详情

图5.1.4　低保真度原型

1. 低保真度原型（lo-fi prototpying）

交互设计师在设计的初级阶段，其作品不一定要看起来像最终的产品，缺少艺术设计和内容，仅仅展示交互关系的设计被称为"低保真度设计"，低保真度（lo-fi）原型设计是将交互设计概念转换为有形的、可测试交互效果和触碰体验的简便快捷方法。它的主要作用是检查和测试网页或App产品逻辑功能，而不是产品的视觉外观。

图5.1.5　高保真度原型设计

低保真度原型仅仅展示出一部分视觉元素的位置和特点，类似于初始的版式设计，用线框的形式展示出交互路径和逻辑，也可被称为线框交互设计，它是交互设计的初始阶段。

低保真度原型有很多优点，它可以极低的成本展示产品的交互效果，同时制作的难度和技术要求也较低，在方案修改和调整的过程中显得更加灵活；低保真度原型的缺点也十分明显，在无法保证视觉效果的情况下，需要测试者动用想象力，原型的效果可能与最终的App呈现出较大差异。

低保真度原型设计中，设计师团队经常采用纸质原型设计，团队人员根据需求绘制不同页面的线框草图，标注交互关系，团队人员在头脑激荡过程中可以随意擦除，修改草图的内容和交互效果，由于方式灵活、没有技术难度，可以最大限度提高前期方案的修改效率（图5.1.6）。

图5.1.6　纸质低保真度原型设计

除使用纸质原型外，也可以使用"计算机可交互线框图"进行低保真度原型设计，可以使用的软件有很多，如PowerPoint、Keynote等幻灯软件，也可以直接使用专门的Sketch或Adobe XD软件进行设计，这种设计方案的优点是可以轻松实现低保真度原型向高保真度原型设计的转变，从而节省后期的设计时间和成本；缺点是对方案的呈现有一定技术要求，同时，修改没有纸质原型设计方案灵活。

2. 高保真度原型（hi-fi prototpying）

高保真度原型设计是相对于低保真度原型而言的，它所呈现出的一切视觉元素、产品功能、交互逻辑和触摸手势要尽可能贴近实际最终发布的产品，当线框图和低保真度原型等初始方案通过之后，交互设计师通常会通过创建高保真度原型向产品经理（PD）、项目经理（PM）及客户（Client）展示产品的最终视觉效果与体验。低保真度与高保真度原型设计对比如图5.1.7所示。

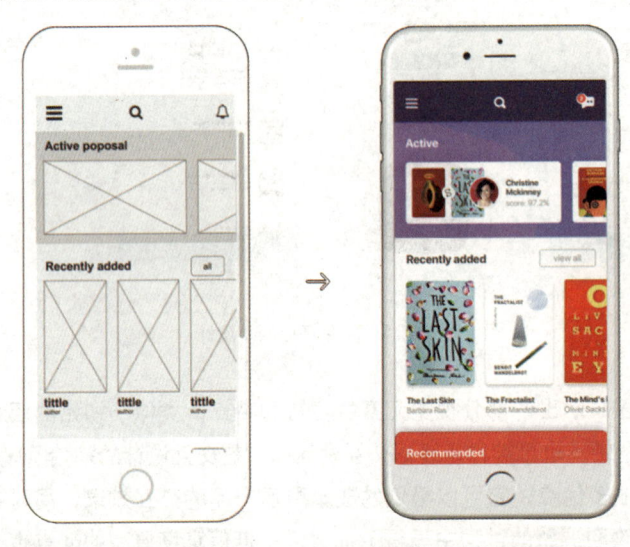

低保真度　　　　　　　　　　高保真度

图5.1.7　低保真度与高保真度原型设计对比

高保真度原型中的一切视觉元素，包括设计、图形、文字、间距及动态效果都要力求完美，使之看上去和最终效果相差无几，它在设计的最后阶段最能体现设计师的设计理念与设计水平，会增加产品、项目经理及客户对设计方案的兴趣，也能很好地反馈用户在实际操作产品过程中的体验，因此，在测试期间可以获得最接近真实的反馈意见，不过相对于低保真度原型设计，其花费的财务成本和时间成本均较高，同时设计方案的大幅度修改相对困难。

编码原型是在产品发布前的最后版本的原型设计，它无限接近最终产品，除视觉设计外，还有通过计算机语言和后台技术实现的各类实际功能，因为在产品中使用原型代码，可以为产品发布做充分准备，节省大量时间与精力。

三、原型设计的工具

原型设计可以提高沟通效率，极大地降低沟通成本，与原型设计的相关工具也在不断推陈出新，除了目前行业标杆式软件Sketch和Adobe XD等软件，也有Axure RP、Principle功能完备强大的软件，而且国产原型设计软件（如摹客、墨刀）也如雨后春笋般不断涌现。因此，与其他设计领域软件通常一家独大相比，UI原型设计软件选择可谓十分丰富。

同时，由于UI原型设计软件的出现相对较晚，这些软件与其他领域软件相比具备设计思路近似、界面直观、实现功能简单、上手简单迅速等特点，同时具备其他软件没有的强大功能，因此学习成本大大降低，经过简单的学习就可以做出比较出色的作品。

（一）纸质原型

纸质原型是所有设计工具中最原始，也是最万能、方便的一种，早在计算机兴起的时代，UI设计便开始大范围应用纸质原型工具进行方案的研讨。目前，纸质原型依然应用广泛，它具有成本低、使用简单、没有技术壁垒、修改和调整快速的特点，因此很多高校课程、研究机构和公司依然使用此类工具，方便设计师之间不断头脑风暴，不会由于调整时间过长而出现设计思维间断的现象。

设计师可以使用普通白纸绘制方案，也可以将画面元素（如对话窗口、搜索框、索引、头像等）做成卡片，使用胶带、即时贴、胶水或图钉等工具进行排版替换，常用元素准备好后，直接可以快速排版，形成设计方案。

纸质原型可以分为粘贴式、抽拉式和可触摸式等不同类型，由于纸质原型也是属于低保真度原型的一种，因此这类工具仅在项目运筹和设计草稿阶段使用，一旦草案确定，应该使用计算机工具进行进一步精确化设计。

纸质原型一般使用3×5的空白卡纸制作索引卡，在此基础上加入各类空间实现GUI框架，如图5.1.8~图5.1.11所示。

（二）计算机原型软件

在框架图完成后，便进入低保真度和高保真度原型方案设计阶段，在此阶段，需要借助更加复杂的计算机软件来完成设计，目前的设计软件较多，不同公司不同团队之间形成的设计习惯和工作流程不同，使用到的软件也不尽相同，因此，在这里介绍一些比较主流的UI原型设计软件和工具。

图5.1.8　粘贴式纸质原型

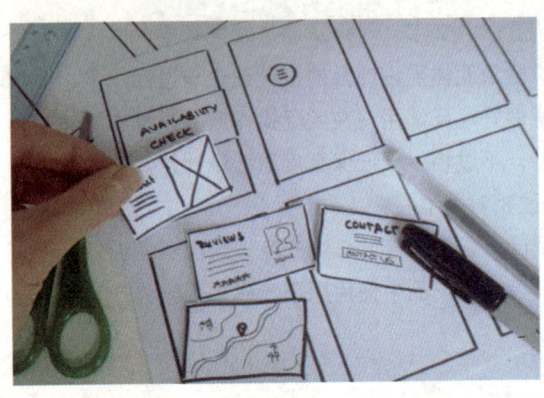

图5.1.9　抽拉式纸质原型

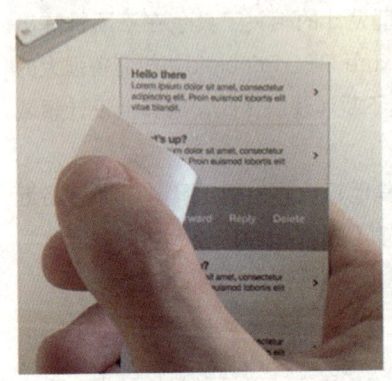

图5.1.10　可触摸式纸质原型

图5.1.11　绘制工具

1. 办公演示类〔PowerPoint（PPT）、Keynote、Viso 等〕

　　来自微软和苹果的办公软件中，有很多可以被用来做UI的交互演示，优点是操作简单，它们是办公人士都应该掌握的软件，因此普及率高，实现的效果可以多种多样，其中PPT或Keynote对于设计稿的呈现汇报尤为重要，还有平时的设计分享、培训等场景均可使用。PPT的设计能力是一个设计师基本功的体现，PPT设计包含了内容处理、文字设计、图片设计、色彩、布局等。一份内容详略得当、干净整洁、美观清晰的PPT，对于UI项目评审相当有助益，不可忽视，而且此类软件可以轻松导出HTML格式的文件，在不同平台的浏览器之间展示；缺点是由于这类软设计初衷并不是打造成设计与制作UI原型的专门软件，因此对于交互和动效的模拟支持并不完善，设计师的思路往往被软件提供的功能所限制，如图5.1.12、图5.1.13所示。

　　除演示类软件外，矢量流程绘图及示意图的工具，可以帮助用户通过直观方式轻松绘制出各种流程图，包括流程图、网络图、工程设计、组织结构图等，在绘制流程交互逻辑方面效率很高，非常适合制作UI框架交互演示图，同时支持导出HTML和PDF格式，方案分享十分简单；缺点是没有对应的Mac平台版本，与演示类软件一样，并非专门的UI交互原型软件，因此交互效果有限，如图5.1.14所示。

第五章 界面基本组成元素设计

图5.1.12 Keynote UI项目设计演示

图5.1.13 PPT UI项目设计演示

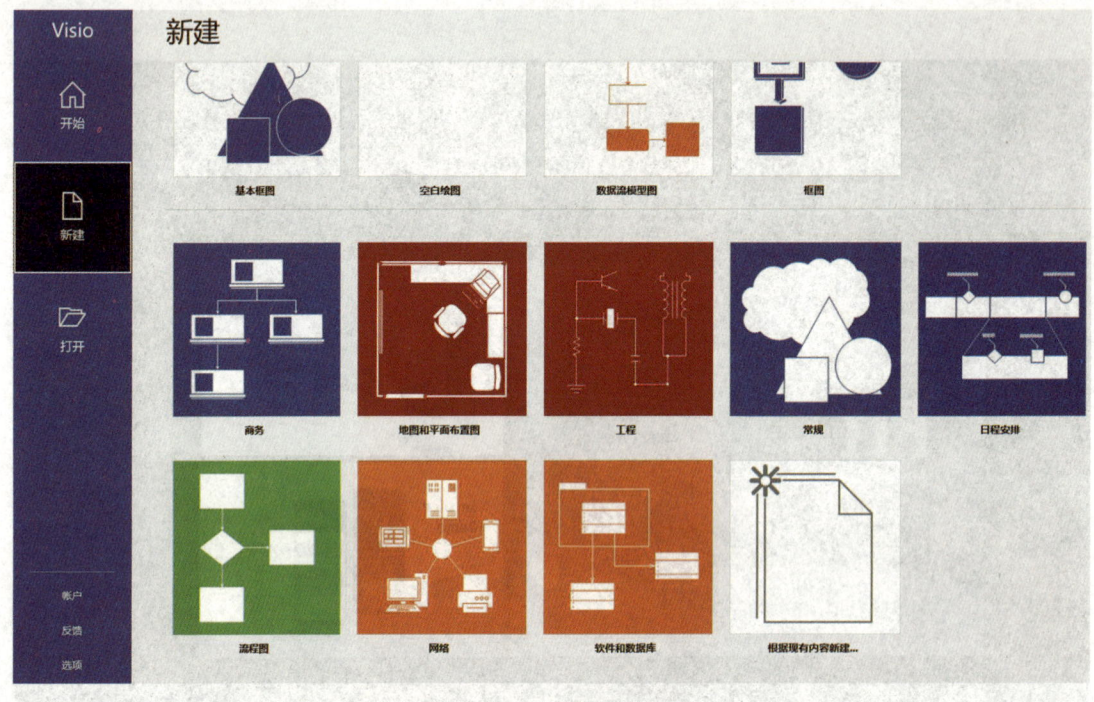

图5.1.14　Viso项目流程图

2. 原型设计类（Axure RP、Principle、Sketch、Adobe XD、Protopie、Figma、Alva、Framer、Framer-X 等）

除办公演示软件外，还有众多的针对UI交互效果而设计的原型软件，其中，Axure是最早进入UI交互领域的软件之一，在设计制作UI线框图、原型等方面非常便捷，在国内很多知名互联网公司也经常使用的这个软件来做交互，设计流程已经成为行业标杆，推荐以此软件作为主要输出工具。

Axure RP经过10个版本的迭代，支持更多快捷键操作，样式编辑更丰富，页面布局也更加简洁美观，支持高保真原型制作，互联网上的项目的原型资源、组件库资源均十分丰富；对于项目的原型制作效率提高很有帮助，而且可以自动生成HTML文件和设计规格说明书。其缺点是入门相对容易精通却难，学习成本曲线较长，有很多高级功能需要慢慢摸索，一些特定的交互效果在Axure RP上实现较为困难，在动效领域可以结合其他软件（如AE、Principle等），展示效果更佳，移动端原型预览效果有待提升，如图5.1.15所示。

Sketch是一款功能强大的设计工具，相对于原型软件而言，在功能的表现上，Sketch更倾向为一款视觉设计软件，此软件能满足大部分UI设计需求，而且使用上更为便捷。无论是用来做线框图原型界面还是高保真度原型设计都很优秀，像图层设置、智能标注页面等功能减少了用户的操作复杂性，同样提供了丰富实用的插件，可以说是UI领域必备设计软件之一；缺点是只支持Mac平台。新版本也支持做可交互原型，目前很多交互设计师选择使用Sketch输出原型，如图5.1.16所示。

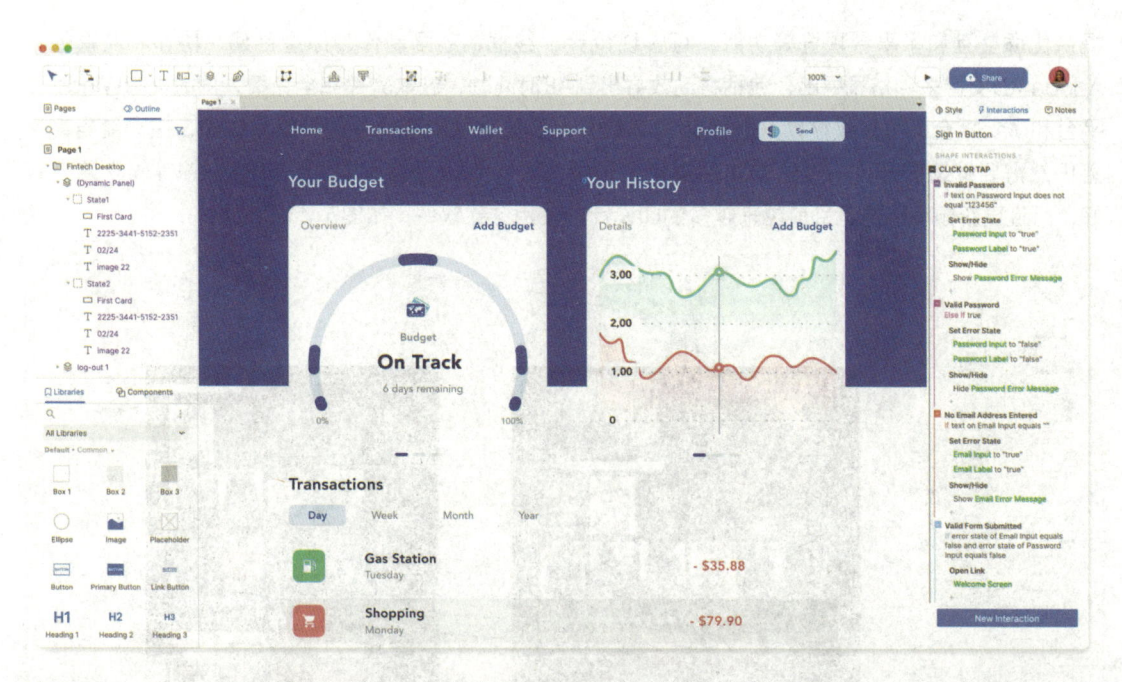

第五章　界面基本组成元素设计　61

图5.1.15　Axure RP软件界面

图5.1.16　Sketch软件界面

　　Adobe XD是著名Adobe公司推出的集UI和交互为一体的设计软件，并同时提供工业级性能的跨平台设计产品。设计师使用Adobe XD可以高效、准确地完成静态编译或框架图到交互原型的转变。这款软件给用户的体验是非常简便高效的，界面简洁明了，拥有自动吸附、重复网格排版功能，提供优质交互和多平台预览等功能，可实现设计、线框、动画制作、原型创建、协作和共享等，Adobe XD支持多种格式导出，包括将动效导出到AE时间轴，这款软件完全免费，同时支持Windows平台和Mac平台，可以直接打开Sketch的工程文件；缺点是由于软件开发时间较晚，在功能丰富性上仍然需要继续提升。不过这款软件支持多种插件，网络资源也很丰富，与PS、AI等软件兼容较好，而且更新频率很快，目前越来越多的UI设计师使用这款软件，如图5.1.17所示。

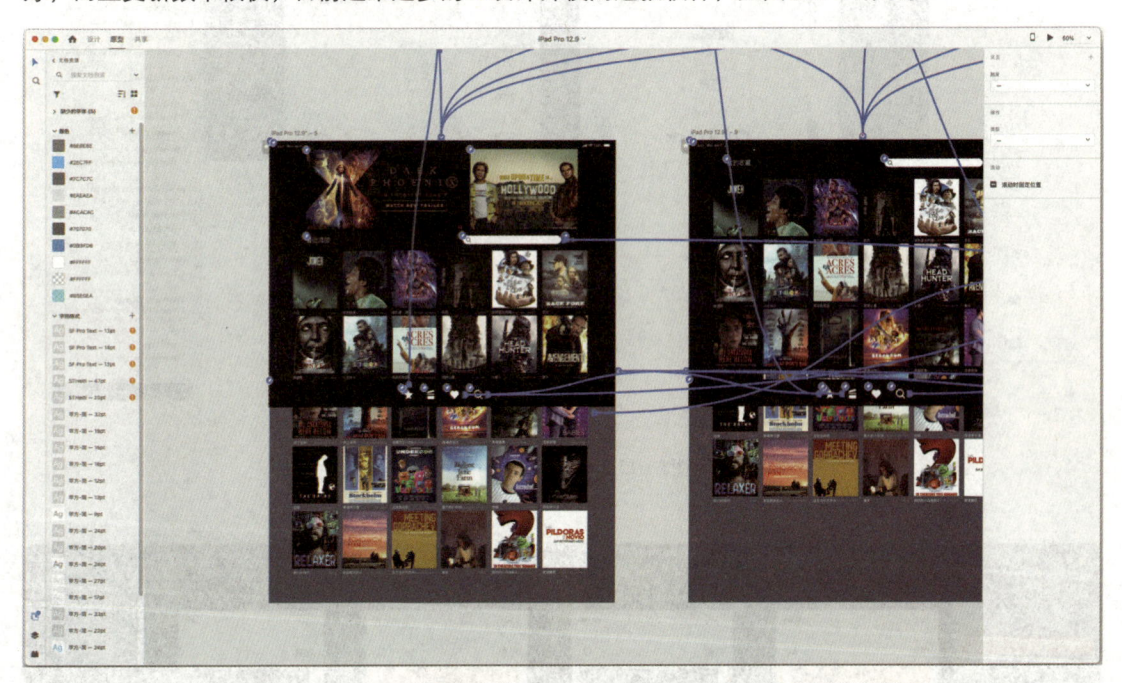

图5.1.17　Adobe XD软件界面

3. 国产交互软件（Mockplus、UI designer、即时设计、墨刀等）

国产UI原型设计软件发展迅速，涌现出很多既好用又强大的原型设计软件，这些国产软件充分继承了国外优秀软件的设计优点，同时又在很多功能设置上进行了本地化，更符合中国设计师的使用习惯，Mockplus是一款简洁易用的图形设计工具，可以在个人与团队之间展开高效的沟通与协作，定位于方案低保真度设计阶段，功能可以满足UI原型设计的基本要求，如图5.1.18所示。

"墨刀"是由万兴科技集团股份有限公司研发的软件界面原型设计软件，是一款能够打通产设研团队，实现原型、设计、流程、思维导图一体化的在线协同工具。软件支持Windows、mac OS和手机、平板计算机移动端，也支持直接使用浏览器登录官网即使用网页版软件设计方案，墨刀不仅可以在线绘制原型、流程图和思维导图，还支持从Axure RP、Adobe XD、PS导入已有的设计文件，几乎兼容所有主流设计软件，借助墨刀，产品经理、设计师、开发、销售、运营及创业者等用户群体能够快速将想法搭建为产品原型，向他人随时随地演示项目效果。墨刀同时也是协作平台，项目成员可以更好地协作编辑、审阅、更快推进项目进度、产品落地。无论是产品想法展示，还是向客户收集产品反馈，向投资人进行Demo展示，或是在团队内部协作沟通、项目管理，墨刀都可以大幅度提升工作效率，打破沟通壁垒，降低项目风险，如图5.1.19所示。

图5.1.18　Mockplus软件界面

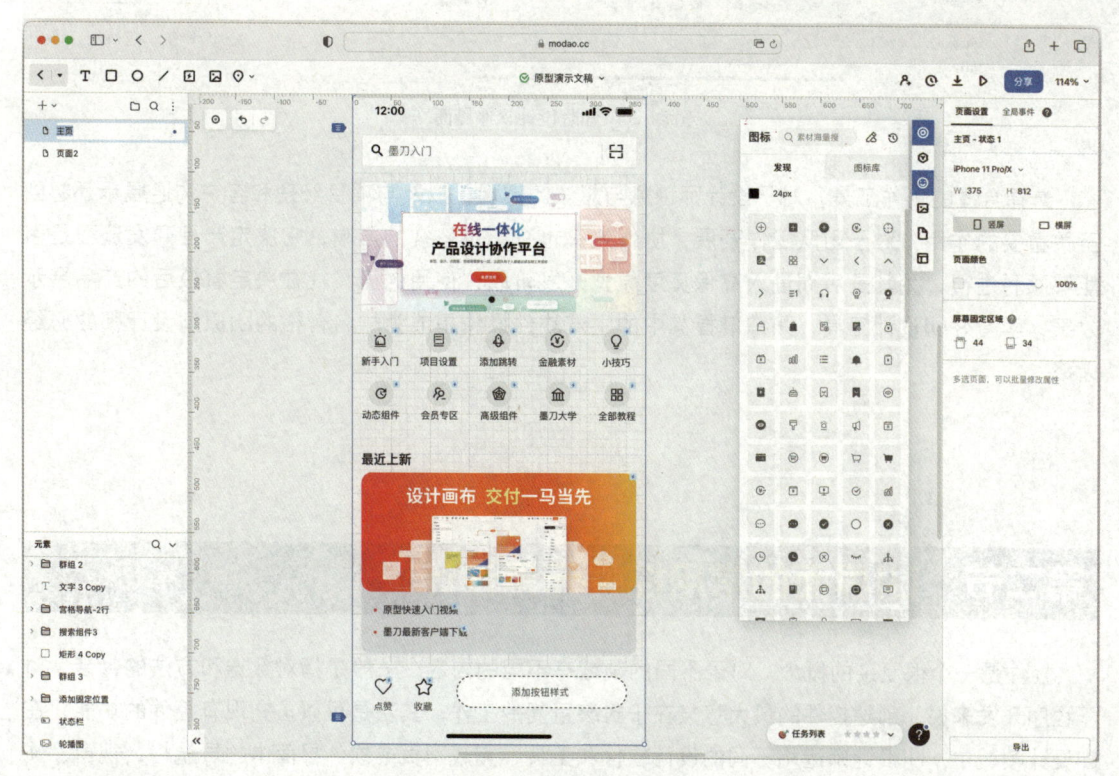

图5.1.19　墨刀软件界面

即时设计是北京雪云锐创科技有限公司研发的一款在线UI原型设计工具，整个工具基于Web浏览器展示，因此可以在不同系统、不同平台中使用，对于个人和小团队可终身免费使用，同时获得所有软件的核心功能，而且在网页端就可以有丰富的模板和资源使用，是一款非常实用的UI原型设计工具，如图5.1.20所示。

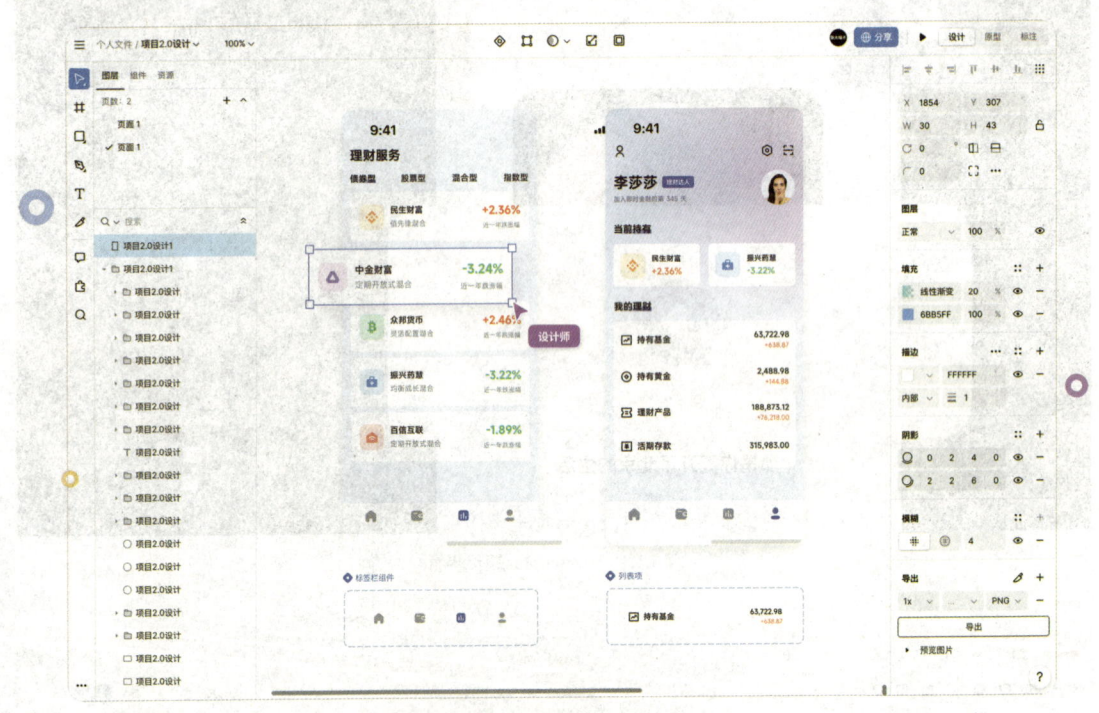

图5.1.20　即时设计软件界面

选择合适的创作工具，对于设计师创意与想法的实现，以及与项目经理和客户沟通展示都起到至关重要的作用，对于团队工作开展，协作效率也有不可忽视的影响，它决定产品开发流程是否能够顺利进行，尤其是后期进入高保真度原型开发阶段，使用的工具往往决定着最后的产品展示效果，学习好UI设计工具，熟练掌握其中的主流软件操作是成为一名合格的UI原型设计师的必经之路。

第二节　UI界面的常用控件元素设计

控件是一个很复杂的概念，对于不同的领域有不同的内容，一般是指对数据和方法的封装，对于程序开发来说，创建控件的最大意义在于封装重复的工作；其次是可以扩充现有控件的功能，在UI设计领域中，UI设计师运用不同的设计软件和工具，完成网页或软件界面中的导航栏、视窗、文本框、按钮、下拉式菜单等界面元素的设计。

一、常见的控件元素

在网页UI设计中，常见的控件元素有Labels（标签）、Scroll View（滚动视图）、ScrollBar（滚动条）和Mask（遮罩）、Buttons（按钮）、ProgressBar（进度条）、EditBox（输入框）、CheckBox（复选框）、Image（图片）、List（列表）、Menus（菜单）、Navigation（导航）、Tab（选项卡）、Toast（提示）、Alert（警示提示）、Dialog（对话框）、Divider（分割线）、Timepicker（时间选择器）等，它们是实现网页中各部分功能模块的元素，如图5.2.1所示。

在App软件UI设计中，常见的控件元素有Splash（启动画面）、Walk though（过场界面）、Coach Mark/User Guide（用户引导）、Buttons（按钮）、Navigation（导航）、Tab（选项卡）、Dialog（对话框）、Login & Register（注册/登录）、Search（搜索栏）、List Menus（菜单）、Cover Flow（轮播面板）、Text Fields（文本框）、Switch（开关）等，它们是实现App软件中各部分功能模块的元素。

图5.2.1 常见的15种控件

由此可见，各类控件是实现网页和App产品功能的基本单元，种类繁多，每个类别的控件都有相应的设计规范和模式，在这里，仅对网页和App中常见的控件元素的设计进行讲解，通过了解常见控件的设计思路与规范，总结控件的设计共性。

二、栏设计

栏（Bars）可以告诉用户在App中当前在所在的位置，能提供导航，还可能包含用于触发操作和传递信息的按钮或其他元素，包括6种：导航栏、搜索栏、侧边栏、状态栏、标签栏、工具栏。

1. 导航栏（Navigation Bars）

导航栏是一款网页或App产品页面设计中最常见的控件，导航栏有很多细节和设计值得思考，作为设计师，需要考虑到如何在导航栏基础功能上拓展更多的设计空间。

导航栏出现在页面的顶部，位于状态栏下方，可以给一系列层级页面进行导航。当单击进入新页面时，其导航栏的左侧会出现一个返回按钮，并带有前一页面的标题。有时，导航栏的右侧也会有一个控件，如"编辑"或"完成"按钮，用于管理活动视图中的内容。在拆分视图中，导航栏可能会显示在拆分视图的单个窗格中。导航栏是半透明的，也可以添加背景色，并且必要时可以设置为隐藏，如图5.2.2所示。

图5.2.2 位于App顶端的导航栏

某些情况下可暂时隐藏导航栏，以提供更沉浸的体验。例如，当人们查看全屏照片时，"照片"会隐藏导航栏和其他界面元素。如果App用到了这个功能，切记要让用户使用简单的手势（如点按）来恢复导航栏。

导航栏按照功能类型分类，常见的有常规导航栏、编辑操作栏。在安卓的 Material Design 的规范中，导航栏由容器、导航图标、标题、操作项、更多菜单等组成，而国内的许多应用都在此基础上进行了更多适应产品需求的个性化设计，但是在形态上，依然与规范相似，以保证用户易理解性与体验的流畅性。

（1）在导航栏中显示当前视图的标题。在多数情况下，标题可以帮助人们了解他们在看什么。但是如果添加导航栏显得多余，则可以将标题留为空白。

（2）当需要特别强调上下文时，请使用大标题。大标题绝对不能与内容竞争，但是在某些应用中，大标题的粗体会帮助人们浏览和搜索时进行快速定位。例如，在选项卡式布局中，大标题有助于说明活动选项卡，并指示用户何时已滚动到顶部。

（3）避免在导航栏上挤满太多控件。通常，导航栏最多只能包含视图的当前标题、后退按钮及一个用于管理视图内容的控件。如果在导航栏中使用分段控件，则该栏不应包含标题或分段控件以外的任何控件。

（4）尽可能使用标准的返回按钮。标准的返回按钮可以让用户通过信息层次结构来追溯自己的步骤。但是，如果想使用自定义返回按钮，请确保它的样式仍然看起来是返回，且与界面的其余部分匹配。可以同时提供自定义的蒙版图像，以便系统在转场过渡时使用此蒙版为按钮标题设置动画效果。

（5）不要包括多段面包屑路径。后退按钮始终执行单个操作：返回上一屏幕。如果用户认为没有到当前屏幕的完整路径，因此导致用户迷路，那么可以调整App的层次结构，使其更加扁平。

（6）给带有标题的按钮留出足够的空间。如果导航栏包含多个文本按钮，需要通过在按钮之间插入固定的空格项目来增加分隔，以此来避免按钮文本同时显示造成按钮无法区分的问题。

（7）考虑在导航栏中使用分段控件，使App的层次结构更加扁平。如果在导航栏中使用分段控件，务必仅在层次结构的顶层使用，并确保在较低的级别选择准确的返回按钮标题。

2. 搜索栏（Search Bars）

搜索栏也是常见的空间元素，它允许人们通过在字段中键入文本来搜索大量值。搜索栏可以单独显示，也可以显示在导航栏或内容视图中。当显示在导航栏中时，可以将搜索栏固定在导航栏中，以便始终可以调用；也可以将其折叠，当用户向上滑动时展开显示，如图5.2.3所示。

（a） （b）

图5.2.3 搜索栏介绍性文字
（a）占位符文字；（b）介绍性文字

在设计时，使用搜索栏不是仅仅通过"搜索"文字来实现搜索，文字没有用户所期望的标准搜索栏外观。要启用"清空"按钮，大多数搜索栏都包含一个删除关键词内容的"清空"按钮。必要时启用"取消"按钮，大多数专门的搜索栏都包含一个立即终止搜索的"取消"按钮。如有必要，请在搜索栏中提供提示和上下文，搜索栏的字段可以包含占位符文本，例如"搜索服装、鞋子和配饰"，或仅"搜索"，以提醒要搜索的上下文。带有适当标点符号的简洁的单行提示可以直接出现在搜索栏上方，以提供指导。股票使用提示让人们知道他们可以输入公司名称或股票代码。可在搜索栏下方提供有用的快捷方式和其他内容，使用搜索栏下方的区域可帮助人们更快地获取内容。例如，Safari会在单击搜索字段后立即显示用户的书签，选择一个即可直接进入，无须输入任何搜索词。当用户在搜索字段中键入时，"股票"会显示结果列表并可进行点按，无须再输入任何字符。可以将搜索栏下添加范围栏，缩小搜索范围。

3. 侧边栏（Sidebars）

侧边栏在手机端上使用较少，更多的用在平板计算机、智能电视等大屏幕设备上。它提供了应用程序的导航，在侧边栏中选择一项可以使人们导航到特定的内容。例如，"邮件"中的边栏显示所有邮箱的列表，人们可以选择一个邮箱来访问其邮件列表，然后选择要显示在内容窗格中的特定邮件，如图5.2.4所示。

图5.2.4　iPad上的侧边栏设计

在iPhone上侧边栏又分为半屏和全屏，手机QQ、滴滴打车都从原来的半屏改为了全屏，曹操专车采用的是半屏。

（1）在设计时，将正确的外观应用于边栏。要创建侧栏，请使用集合视图列表布局的侧栏外观。使用边栏在应用程序级别组织信息。补充工具栏是拉平信息层次结构并同时提供对多个对等信息类别或模式的访问的一种好方法。使用侧边栏可快速导航到应用程序的关键部分或文件夹和播放列表之类的顶级内容集合。

（2）尽可能让用户自定义边栏的内容。由于侧边栏为用户的应用程序提供导航，因此可以使用它来提供快捷方式，使用户可以快速访问他们关心的内容。最好由用户决定哪些项目最重要。不要阻止用户隐藏侧边栏，允许用户隐藏侧边栏以为其内容创造更多空间，并使用内置的边缘滑动手势再次显示侧边栏。避免在默认情况下隐藏侧边栏。

（3）侧边栏中的标题要保持简洁明了。要省略不必要和多余的词。例如，"邮件"使用更简洁的术语（例如"标记"和"草稿"）从每个邮箱的标题中省略了"消息"一词。不要在侧边栏中显示超过两个层次的层次结构。当数据层次结构深于两个级别时，请在拆分视图界面的补充列中使用列表视图。

4. 状态栏（Status Bars）

状态栏出现在屏幕的上边缘，并显示有关设备当前状态的有用信息，如时间、手机和电池电量。状态栏中显示的实际信息取决于设备和系统配置。

（1）使用系统提供的状态栏。用户期望状态栏在系统范围内保持一致，所以不要用自定义状态栏替换它。

（2）在设计时，选择样式相协调的状态栏。状态栏的文本和指示器的视觉样式可以是浅色或深色，可以针对App进行全局设置，也可以针对不同的屏幕单独设置。同时要注意深浅颜色的状态栏与背景的明暗对比，如图5.2.5所示。

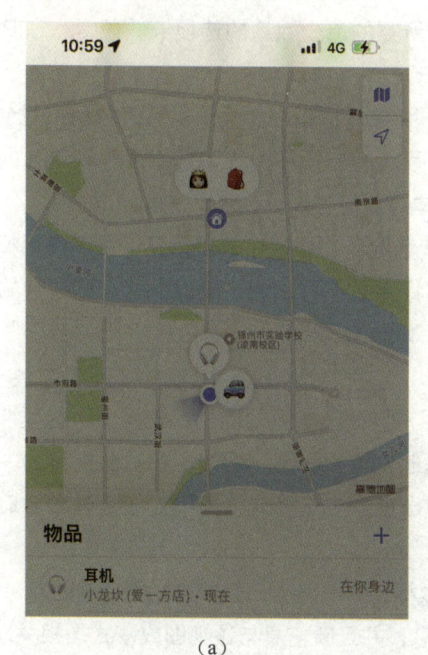

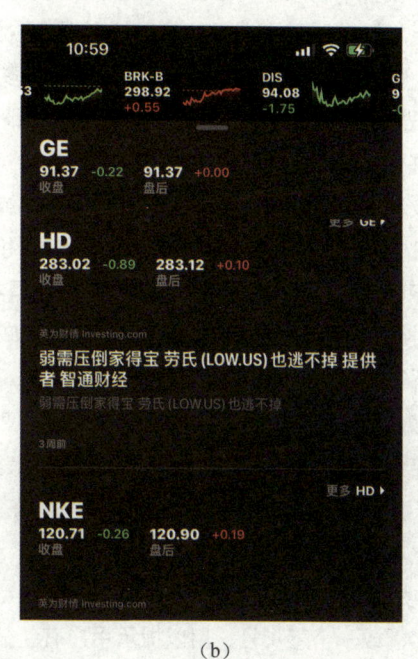

(a)　　　　　　　　　　　(b)

图5.2.5　手机顶端的状态栏

(a) 浅色状态栏；(b) 深色状态栏

（3）隐藏状态栏下的内容。默认情况下，状态栏的背景是透明的，是可以看到背后的内容的。保持状态栏可读，并不意味着其背后的内容是可交互的，有几种常见的技术可以做到这一点：在App中使用导航栏，该导航栏会自动显示状态栏背景，并确保内容不会显示在状态栏背后；在状态栏背后显示自定义图像，如渐变色或纯色在状态栏背后放置模糊的视图；显示全屏媒体时，请考虑暂时隐藏状态栏，当用户尝试关注媒体时，状态栏可能会分散注意力，暂时隐藏这些元素以提供更沉浸的体验。例如，当用户浏览全屏照片时，"照片"应用程序将隐藏状态栏和其他界面元素。

5. 标签栏（Tab Bars）

标签栏出现在页面底部，可以在App的不同模块之间快速切换。标签栏是半透明的，也可添加背景颜色。所有页面的标签栏应保持相同的高度，并且在弹出键盘时隐藏。

（1）标签栏可能包含N个标签，但可见标签的数量因设备大小和方向而异。如果由于水平空间有限而无法显示某些标签，则最后一个标签会变为"更多"标签，从而需要在另一个页面上显示其他标签。

（2）在设计时通常使用标签栏在应用程序级别组织信息。标签栏是拉平信息层次结构并同时提供对多个对等信息类别或模式的访问的一种好方法。

（3）严格使用标签栏进行导航。不要使用标签栏按钮来启用操作。如果需要提供对当前视图中的元素起作用的控件，请改用工具栏。

（4）争取获得正确数量的标签。标签太多会减少每个标签的可点击区域，并增加应用程序的复杂性，这会使人们更难找到信息。选项卡太少也可能是一个问题，因为它会使用户的界面显得断开。尽管"更多"选项卡可以显示更多的选项卡，但它需要额外的点击才能显示出来，并且可能会浪费空间。在设计过程中，推荐使用信息层次结构所需的最少数量的选项卡。通常，在iPhone上使用3~5个标签；如果需要，在iPad上可以接受更多一些。

（5）当人们导航到应用中的其他区域时，请不要隐藏标签栏。标签栏可为应用启用全局导航，因此它在任何地方都应保持可见，模态视图例外。因为模态视图为人们提供了一种单独的体验，使他们在完成后便会被解雇，所以这不是应用程序整体导航的一部分。

（6）选项卡功能不可用时，请勿删除或禁用该选项卡。如果在某些情况下可以使用标签，但在其他情况下无法使用，则应用程序的界面将变得不稳定且不可预测，应确保所有选项卡始终处于启用状态，并说明为什么选项卡内容不可用。例如，如果iOS设备上没有歌曲，则"音乐"应用中的"立即收听"选项卡将说明如何下载歌曲。

（7）始终在附加视图中切换上下文。为了使用户界面具有可预测性，选择一个选项卡应始终影响直接连接到选项卡栏的视图，而不影响屏幕上其他位置的视图。例如，在拆分视图的左侧选择一个选项卡不应导致拆分视图的右侧突然改变。在弹出窗口中选择选项卡不应导致弹出窗口后面的视图发生变化。

（8）使用标记进行轻微提示。可以在标签上做标记——包含白色文本的红色椭圆（小红点），或一个数字，或一个感叹号，用以提示用户有新信息，并且新信息与该视图或模式是相关联的。

（9）确保标签栏标志符号在视觉上保持一致和平衡。系统API提供了一系列预设图标，当然，也可以自定义图标。在纵向方向上，标签栏标志符号可以显示在标签标题上方；在横向方向上，字形和标题可以并排出现。根据设备和方向，系统会显示常规或紧凑的标签栏。

6. 工具栏（Tool Bars）

工具栏一般出现在页面的底部，其中包含执行与当前视图或内容相关操作的按钮。工具栏是半透明的，也可以添加背景颜色，并在用户不需要它们时应该隐藏起来，如图5.2.6所示。

图5.2.6　手机底端的工具栏

（1）了解选项卡栏和工具栏之间的区别很重要，因为两种类型的栏都出现在应用程序屏幕的底部。标签栏可让人们在应用程序的不同部分之间切换，如"时钟"应用程序中的"警报""秒表"和"计时器"选项卡。工具栏包含用于执行与当前上下文有关的动作的按钮，如创建项目、删除项目、添加注释或拍照。标签栏和工具栏永远不会在同一视图中同时出现。

（2）提供相应的工具栏按钮。工具栏应该是当前页面中有意义并且常用的命令。当需要3个以上的工具栏按钮时，图标的效果更好；如果是3个或3个以下的按钮，文本按钮可以更清晰。但需要考虑给文本标题的按钮足够的空间，避免在工具栏中使用分段控件。分段控件允许用户切换上下文，而工具栏只对当前页面提供操作。如果需要切换页面，请考虑使用标签栏。

三、视图设计

视图（Views）是一款App中的核心元素，包含用户在App中看到的基本内容，如文本、图片、动画及交互元素。视图可具有滚动、插入、删除和排列等交互行为。

1. 警示框（Alerts）

警示框主要用来传达与App或设备状态相关的重要信息，并且通常会请求反馈。警示框由标题、可选消息、一个或多个按钮及用于收集用户输入信息的可选文本字段组成，如图5.2.7所示。除这些可配置的元素外，警示框的视觉外观是静态的、无法自定义的。

（1）在设计中要尽量少用警示框。警示框会破坏用户体验，只在重要情况下使用，如确认购买和破坏性操作（如删除）或通知用户相关问题。严格控制警示框的数量，有助于让用户更认真对待它。确保每个警示框都是提供关键的信息和有用的选择。

（2）两个方向都要测试警示框。在横向模式和纵向模式下，警示框可能会有所不同。优化警示框文本，使其在任何方向上都无须滚动就能很好地阅读。

2. 页面视图（Pages）

页面视图控制器提供了一种在内容页面之间实现线性导航的方式，如在文档、书籍、记事本或日历中，如图5.2.8所示。页面视图控制器可以使用滚动或页面卷曲两种样式的任意一种完成页面之间的转场过渡。

如果需要，可以自定义一种非线性的导航方法。使用页面视图控制器时，页面只能按顺序跳转，而跨页面之间是无法跳转的。如果用户想要不按顺序访问页面，可以自定义控件来实现此功能。

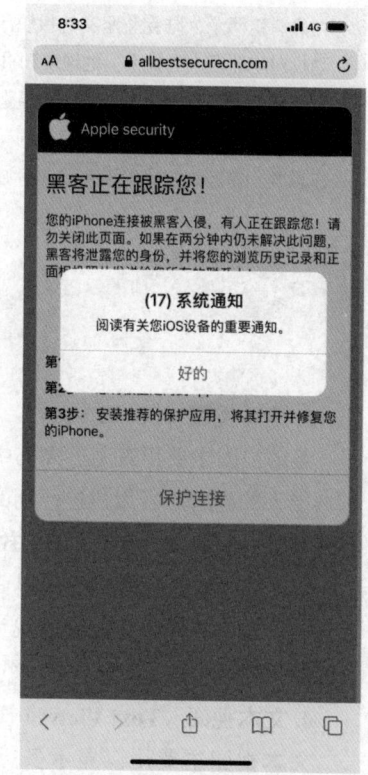

图5.2.7 警示框设计

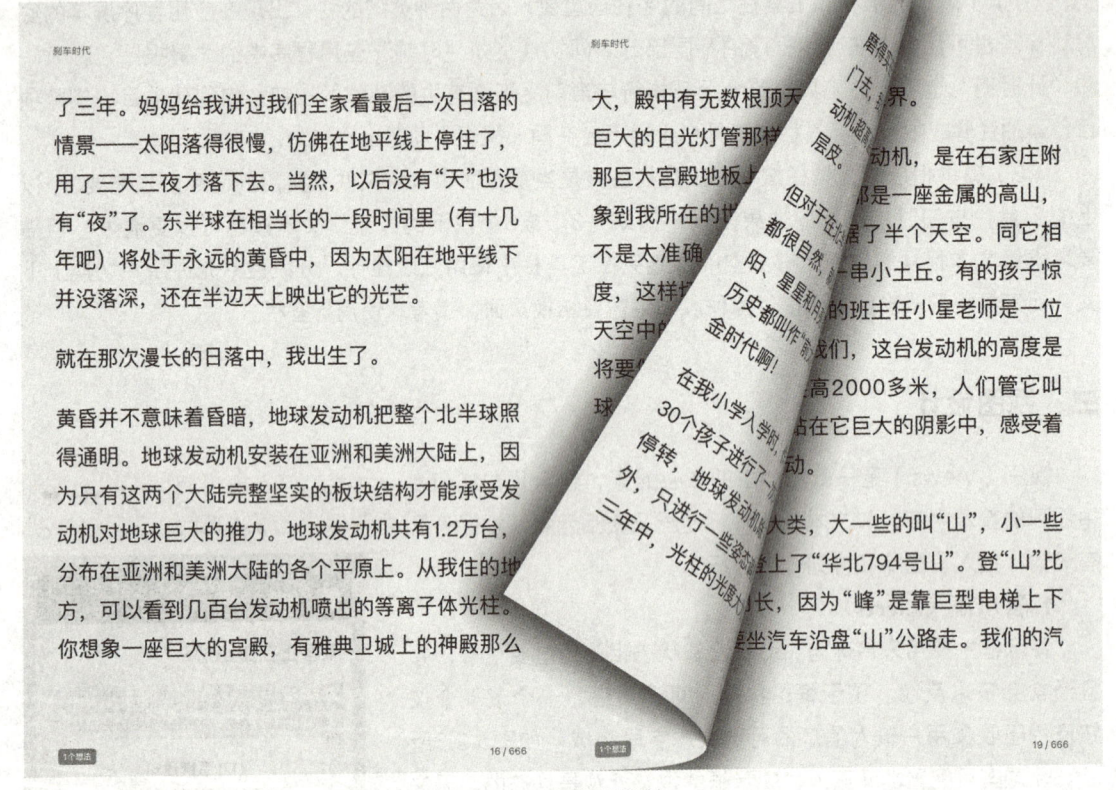

图5.2.8 页面视图设计

3. 滚动视图（Scroll Views）

滚动视图主要用来浏览文档中的文本、集合中的图像等比显示区域要大的内容。当用户进行翻阅、轻击、拖曳、点击及缩放等交互行为时，滚动视图会随之进行放大缩小等与之对应的变化。

滚动视图本身没有可视化界面，但是其会随着用户的滚动显示滚动条。滚动视图也可以被设置为页面模式，此时滚动视图便可以页面翻转的形式进行新旧页面间的切换。

4. 文本视图（Text Views）

文本视图主要用以显示多行样式的文本内容，如图5.2.9所示。文本视图可以是任何高度，并可以通过滚动的方式显示额外的内容。

默认情况下，文本视图中的文本是左对齐的，并使用黑色的系统字体。如果文本视图可编辑，则在视图内部点击时，屏幕下方会弹出键盘。

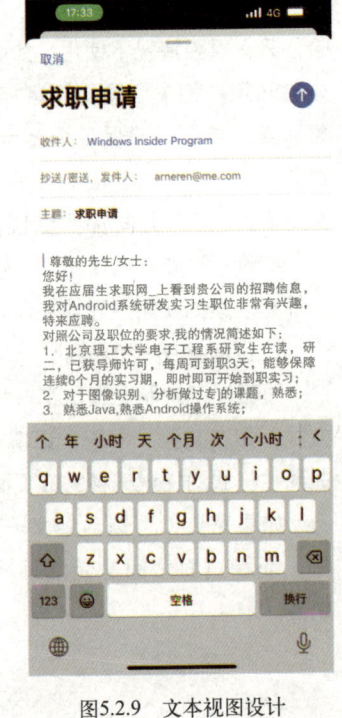

图5.2.9 文本视图设计

第六章 不同平台的UI整体界面设计

UI设计又称界面设计，是指对软件的人机交互、操作逻辑、界面美观的整体设计。UI设计主要分为实体UI和虚拟UI两种，互联网行业常见的UI设计是虚拟UI。UI即User Interface（用户界面）的简称，泛指电子产品的操作界面，常见的如移动App、计算机网页、智能穿戴设备等。人机交互技术是计算机用户界面设计中的重要内容之一，是产品与它的用户之间的互动过程。

第一节 手机主题界面设计

UI设计在业内被誉为"脸面"，良好的UI设计，既能赋予手机个性、品位的特性，又能使其操作更加舒适、简单、自由，同时也给用户带来更多的便利。一款设计合理的界面可以让用户轻易地进行多种操作，而当一款手机在界面上的功能设置不合理，会让用户产生恐惧和不安，这就是一个失败的设计。总体来说，应该遵循执行效率、易学习性和易用性原则来设计手机界面。

一、手机UI界面设计原则分析

与其他类型的软件界面设计相比，手机 UI 设计有着更多的局限性和独特性，手机屏幕尺寸大小是主要的局限性。这就要求设计师在设计制作之前，必须先对相应的设备进行充分的了解和分析。

1. 简洁性（Conciseness）

如图6.1.1所示，手机的显示屏相对较小，能够支持的色彩也较有限，过多的色彩会使屏幕杂乱无章，可能导致屏幕无法正常显示颜色过于丰富的图像效果，这就要求界面中的元素要尽可能处理简洁。同样，应在手机界面中设计图标的合适尺寸。图标是具有特殊指代意义的图形，分为具象图形和抽象图形，图标在手机 UI 界面中的地位非常重要。一枚精美绝伦的图标总是可以轻易地吸引用户，并获取较高次数的点击，对于一款App来说，设计一枚漂亮的图标是绝对有必要的。

2. 交互性（Interactivity）

界面的交互都是环环相扣的，因此设计时要考虑交互的下一步，并通过设计将其实现。这就如同日常谈话要为深入交谈提供话题。当用户已经完成要执行的步骤后，就要给他们自然而然继续下去的方法，以达成目标。

3. 实用性（Practicality）

如图6.1.2所示，在大多数设计领域，界面设计成功的标志就是有用户使用它。在进行界面设计时，吸引用户的注意力是非常关键的，所以千万不要将应用的周围设计得乱七八糟。例如，一把漂亮的椅子，虽然精美但坐着不舒服，那么用户就不会使用它，它就属于失败的设计。因此，界面设计不仅仅是设计一个使用环境，更应是设计一个值得使用的艺术品。界面设计仅仅满足其设计师的虚荣心是不够的，它必须要实用。

图6.1.1　安卓手机界面　　　　图6.1.2　某App导航界面

二、手机UI界面的视觉设计思考

（一）手机UI界面中文字的设计思考

在手机 App的界面设计中，文本是一种可视化的符号，它具有传达信息的功能。对文本元素的研究应该从结构和文字之间的联系出发，进而完善文本编排设计与整合视觉艺术设计。文字具有传达信息与美感的双重作用，文本元素对手机UI界面的设计而言，不仅是信息的准确传递，还要具有艺术表达的作用，字体在信息的传达过程中作为一种艺术图形符号，对文字版面设计提出更高的要求。对于每一个界面设计而言，应该从字号、行高、样式、字色和字体5个方面考虑。

以图6.1.3所示的手机应用商店为例，从该界面可以看出，尽管使用同一字体，导航和正文有不同的文字样式，正文之间也有不同的样式，但是根据样式的不同，可以很清晰地展示界面的信息。同时，无论是iOS平台还是安卓平台，均允许自定义字体，一般情况下建议用默认的字体，但对一些应用来说，运用自定义字体反而更加吸引人。

字号的大小对视觉的冲击力很强，界面设计时，为了视觉平衡可以对字重做一些调整。在进行界面设计时，对字号的选择应该有一定的逻辑性。以图6.1.4为例，软件名的字号大小应该一致，相比之下，软件说明的字号应该小一些，且相同层级的文字字号应该一致。

图6.1.3　手机应用商店标识类图标　　图6.1.4　手机应用商店标识类图标

在确定了字体、字号、行高、样式后，对字体颜色的选择也应该慎重。一般情况下，文字的颜色应该与背景色具有较高的对比度，以方便用户能清晰阅读。例如，黑色字体相较于蓝色字体更具有阅读欲望，使文章的阅读更加轻松。

（二）手机UI界面中图形元素的设计思考

视觉情感表现通常情况下用图形图像来表达，图形图像的表达能够更好地帮助人们获取和识别信息。图形是手机App的界面设计重要的视觉表现元素，能够提供视觉信息的符号形象来吸引人们的眼球。图形元素概括能力强，可直观、形象地表现信息内容，给人留下生动而清晰的印象，易于被理解和接受，有利于信息的视觉传达。

图形作为一种视觉语言形式，在信息传递上更加直观和立体，能够直接表达手机界面的内容，便于界面中有效信息的传递。图形没有文字的局限性，是世界通用的语言，图形具有简单明了的优点，在手机界面设计上，能有效地运用图形来表达艺术设计理念，以多样的图形来展示信息内容，使手机的界面设计更加形象和生动，使信息的传达更为准确。

在手机App的设计中，图形设计分为具象图形设计和抽象图形设计。具象图形是最直观的表达方式，它主要是将相似物体进行符号化设计，有便于用户理解。如图6.1.5所示，用相机的符号来表达拍照功能，就是运用具象图形直接将生活中的元素以图形符号化形式植入手机界面。

抽象符号与现实生活中的元素没有直接的关联，往往是人们共同的文化背景下建立起来的，如鸽子代表和平、绿色象征环

图6.1.5　手机安卓主界面标识类图标

保、竖大拇指的形象代表称赞等。例如，去哪儿App图形，是用骆驼代表远行。将此类符号与用户文化背景相对应才能取得良好的表达效果。

因此，在手机 App 的界面设计中，设计师应该在便于用户理解的基础上准确应用图形，来传达图形的信息。运用视觉表现规律对各种符号进行重组、加工，从而实现有序、高效的信息传递。

（三）手机UI界面中色彩元素的设计思考

色彩是视觉传达与情感交流的有机融合，具有激发情感、强化记忆、传递信息等功能。有些时候，两个内容相同的界面，仅仅因为颜色的不同导致极大的视觉差异是很正常的。同时，色彩的情感表达也会因人而异，会随着外部环境改变与心理而发生变化。

在iOS和安卓系统中，颜色用于表达互动性，传递灵活性，并提供视觉的连续性。如图6.1.6所示为iOS系统中内置的应用程序颜色。

图6.1.6　iOS系统中内置的应用程序颜色

色彩能够产生强烈的视觉冲击力和不同的情感效应，如图6.1.7中所示的音乐App背景色，高明度的配色能够给人轻松和快乐的感觉，图6.1.8中Mercedes me App主页颜色的配色则给人沉着和稳定的感觉，双色调界面也能够将用户的注意力集中在重要元素上。因此在手机 App 设计中应该注意色彩的情感表达与内容信息相吻合，要考虑到色彩的对比与调和等形式法则，合理应用色彩设计，进而更好地完善设计的内容。

1. 玻璃拟态（Glass Morphism）

玻璃拟态风格深受苹果在2013年推出的iOS 7 和Windows Vista 中首次引入的类似概念的影响，是大多人更喜欢的新UI设计趋势。它引人注目且色彩缤纷，这种趋势兼顾透明度和层次感。玻璃拟态设计给人以磨砂玻璃的感觉，在许多情况下，如果使用得当，玻璃拟态可以使网站和应用程序对用户更具吸引力。

2. 柔和渐变（Smooth Shading）

得益于全面屏手机的发展，追求无边界设计理念，柔和渐变风格主张让色彩自然延伸，打破边界限制，用颜色牵引视觉走向，更加轻量化，给人一种舒缓的感觉，让心灵获得一份纯粹，如图6.1.9所示。

图6.1.7　音乐App背景颜色　　　图6.1.8　Mercedes me App主页　　　图6.1.9　柔和渐变色卡

（四）手机UI界面视觉传达思考

UI界面的设计趋向于采用大标题+大圆角+去线化+留白+投影的视觉设计。

自iOS 11开始，大标题、大字体的设计变得很常见，大标题和大字体能够迅速地吸引用户的注意力，所以对一些重要的内容一般使用大标题和大字体。同样，大圆角的使用在UI设计中也十分常见，人的大脑对圆形和圆角矩形接受程度比直角矩形高，所以圆角的使用对用户来说更加友好，内容也更容易聚焦，如图6.1.10所示。

弱化分割线或去掉分割线的使用，用大间距留白效果构筑空间，打造出清新自然的界面；另外，加大文字字号和色彩的对比，可带来优雅舒适的界面阅读体验，但是去掉线条不代表没有边界，交互上要注意点击状态下（Pressed）点击区域的可视性，这一点通常情况下比较容易被忽视。

图6.1.10　电影App界面圆角元素展示

三、手机UI界面的交互设计思考

手机是主要用于社交活动的设备，微信的主要功能是手机用户的即时通信功能。但是现如今用户的要求不再局限于交友和聊天，人们对功能和使用感觉的要求更高。手机的多种功能和应用将成为以后发展的重要方向。从传统的单一布局到贴合用户对象的 UI 界面，设计师需要设计出更加实用和符合用户未来需求趋势的设计。

1. 浮窗（Floating Window）

生活节奏的加快使每一个人的手机里都下载了众多App，例如图6.1.11中手机微信的浮窗功能，使用户在阅读公众号文章过程中点击新消息通知时自动触发浮窗，能够使链接浮在聊天界面，便于用户随时回到微信主界面查看、回复信息后回到公众号文章中继续阅读。

2. 按钮（Button）

按钮是UI界面设计和交互设计的基本元素，如图6.1.12所示。它们是用户交互时与系统交流的核心组件，是图形化界面中最早出现的元素，也是最为常见的一种交互对象。当用户面对UI界面时，用户基于以往的经验和视觉对当前UI界面中的元素进行判断。设计按钮时，需要合适的视觉符号来帮助用户理解按钮，如尺寸、隐形、颜色、形状等。

图6.1.11 微信App界面浮窗元素展示

通常，设计师通常将用户最常用到的按钮设置"默认"状态，也就是聚焦状态，这样能够帮助用户更快地完成任务。但也有例外的情况，例如图6.1.12中，所有的选择可能使用平级、对等的情况，这个时候，设计师可能会使用两个优选级的按钮样式来呈现所有按钮。

3. 开关（Switch）

如图6.1.13所示，开关元素是移动UI设计中最常见的一个控件元素，它能够对界面中的某个设置或功能进行关闭或开启，便于给用户带来更好的体验感，因为它很好地模仿了现实世界中人们熟悉的开关概念。

在设计这个元素时，应该特别注意元素的"开"和"关"的状态在视觉上应该有明显的差别，给用户更明显的视觉冲击，这样能够减少用户花时间去研究开关的状态，从而设计出更好的用户体验。

4. 图标（Icons）

图标可以被界定为一种具有增强与观众交流作用的概念或对象的可视图像，会与文字结合起来，表达要表达的信息。在界面设计中，图形往往是象形化的或表示性的，这对于用户的易用性及成功的人机互动起到了很大的作用。

毋庸置疑，图标的主要功能之一就是它能很好地取代文字说明。由于相比于文字，用户更容易理解图像，因此这种特性可以极大地提高用户的使用体验，提高产品的导航能力，并能更好地指引用户。

图标按照属性可分为启动图标（图6.1.14）和工具栏图标。启动图标体现产品的符号象征，是用户最常见的图标类型之一，用户通过单击启动图标达到运行和打开相关产品的目的，启动图标的设计要点与标志相似，是产品与企业的形象象征。工具栏图标主要是解说和装饰的功能，增加用户使用过程中的体验感和趣味性。

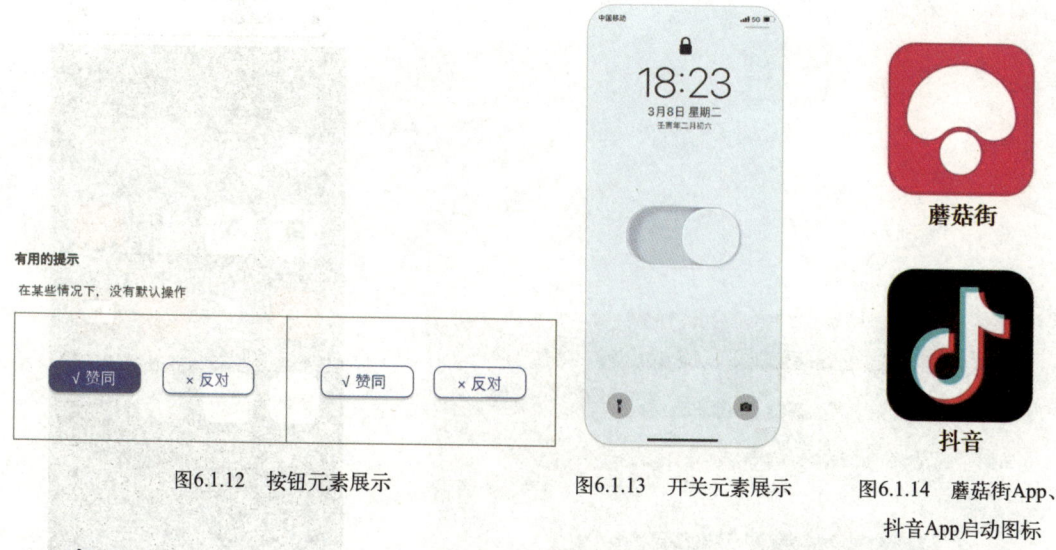

图6.1.12 按钮元素展示　　图6.1.13 开关元素展示　　图6.1.14 蘑菇街App、抖音App启动图标

5. 条（Bar）

条指的是界面中一组用户可以点击的元素，用来快速与产品进行互动，或者能让用户知道事件的进程。

（1）标签条（Tab Bars）。标签条常出现在App界面的底部，让用户能在App的不同模块间快速切换。

（2）载入条（Loading Bar）。载入条用来告知某个动作的进展，用户可以通过时间、百分比或其他信息了解整个过程。

（3）进度条（Progress Bar）。进度条作为UI界面交互设计的重要元素，是用户在进入某个界面或进入某个程序的过程中，应用程序为了缓冲和加载信息所显示出来的控件。它主要显示当前加载的百分比，让用户掌握相关的数据和进度。无论是在移动App端，还是PC端，进度条的应用形式也多种多样。如图6.1.15所示为满意度进度条。

6. 标签（Tag）

标签是一个标有关键词的可交互元素，上面标有关键字。标签是给用户提供快速通道的元数据，为用户提供了一个快捷的路径，用户可以迅速浏览到与关键字有关的一切。在许多情况下，除页面和应用程序自身具有的标记外，用户还可以自行制作标签。

如图6.1.16所示为安卓端标签页自定义界面。Infinity新标签页移动版已经正式登录Chrome商店，用户可以在手机上实现与PC端一样的新标签自定义，根据自己的需求添加标签，从而使产品的可用性得到进一步的提升。细节设计非常重要。总之，标记就是一个可以让使用者自己创建的导航要素，使界面与目标使用者更接近。

7. 搜索区域（Search Field）

如图6.1.17所示，搜索区域通常被称为搜索框（Search Box）或搜索条（Search Bar），对于大量的网站或App来说，这是一个重要的导航要素，如博客、电商、新闻等。经过精心设计的搜寻方块，用户可以很容易地发现所需资讯。由于它可以节省用户大量的时间和精力，因此对于用户来说，这是一个非常友好的界面。

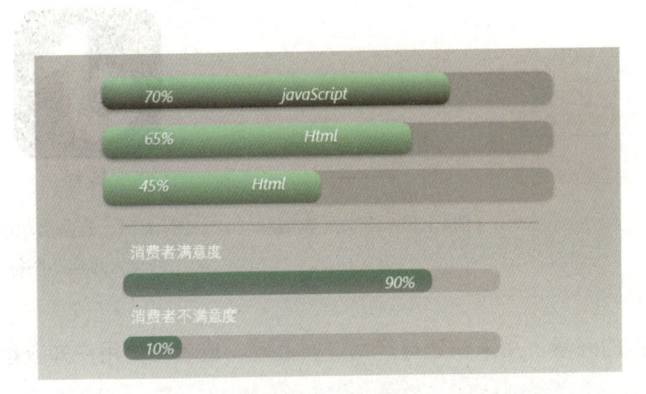

图6.1.15　满意度进度条（Progress Bar） 　　　　　图6.1.16　安卓端标签页自定义界面

图6.1.17　搜索框界面

　　搜索区域的设计方式多种多样，可以是一种标记形状，也可以是一条直线，或是一个简单的搜索图标。大部分时候，搜索方块的图标都是放大镜。绝大多数的人都知道这个图标的意思，因此可以很容易地完成一个很简单的设计。如果要在这个图标上做点什么，一定要对它进行充分的测试，如果做得不够好，它将会对互动和界面的易用性造成很大的影响。同时，在搜索栏中还可以添加一个下拉菜单，该菜单可以为候选添加一个选项，或者是一个自动填充的选项。

　　一个优秀的手机UI界面能够吸引用户并提高品牌效应，现如今的用户偏好设计美观、交互设计科学合理的手机界面，这样能提高手机用户的满意度。因此，在手机界面的导航设计中，首先要确立用户的需求，研究分析用户的生活习惯和行为特征，手机界面中各个功能区的设计要科学合理，降低用户的学习成本，减少用户的使用负担，使人机交互过程流畅，从而提高手机软件的市场竞争力。

第二节 计算机界面设计

一、计算机UI界面设计原则分析

界面具有一定的相互传递的作用，可以实现信息的传播与共享。随着网络信息的不断发展，各软件之间的竞争加剧，计算机界面设计也变得日趋重要。

1. 易用性原则

用户与机器主要是借助界面进行沟通，用户可以利用界面在最短的时间内了解并掌握所需要的内容，因此，在进行计算机UI界面设计时需要将用户的易用性作为基础原则，这样才能更大限度地带给用户良好的体验感，提升用户使用界面的便捷、舒适程度，同时有效达到用户使用习惯、行为习惯、视觉习惯等各方面的需求。

2. 可视性原则

系统按需要具有一定的具体视觉形式，这样才能让用户借助视觉有效地、直观地了解到设计人员所要表达的信息，同时也提高用户的视觉舒适度。苹果计算机系统改版前的图标形态五花八门，而改版后的图标做了统一，使用户看着更加舒适。同样，改版后的图标与之前相比，在质感上也有所提高，没有了之前的厚重感，给人一种更"轻"的感觉，如图6.2.1和图6.2.2所示。

| 方形 | 圆形 | 异形 | 方形 | 方形 | 方形 |

图6.2.1　苹果系统改版前图标　　　　图6.2.2　苹果系统改版后图标

3. 连贯性原则

相关人员在开展UI界面设计工作的过程中，需要有效考虑设计界面的连贯性，在最大限度上保证用户了解产品信息的准确性、有效性、快速性，同时带给用户较好的体验感受。所以UI界面设计人员需要保证视觉元素的统一，确保整体的设计达到预期设计理想目标，在最大限度上提升信息与用户之间的交互性，还需要将对应的客户群体进行有效划分，并对不同客户群体进行相关研究分析，从而保证UI设计界面可以有效满足大部分用户的使用要求。

二、计算机UI界面的视觉思考

计算机界面的图标一改之前的厚重风格，变得"轻"了许多，在视觉上给人一种舒适的感觉，如图6.2.3中的日历图标所示。

同时，计算机界面在视觉样式上也做了统一，之前的图标有的是圆角，有的是方角，有的是异形，如图6.2.4所示，改版后的图标都统一是方形。

图6.2.3　日历图标

图6.2.4　苹果系统改版后图标

计算机Windows 11一改之前Windows 10的Logo倾斜透视的"窗口造型"的呈现方式。虽然保留了"窗口"元素，但只是以方方正正的"田"字造型呈现，如图6.2.5所示，变得更加扁平化，与微软的Logo算是实现了视觉统一。微软Logo和Windows 11对比如图6.2.6所示。

在一些控件上，计算机界面和iOS 14的小控件形式也表现出一样的特征。苹果计算机UI界面的设计改版不仅相较于之前节省了设计师的人力成本，而且节省了用户的认知成本。

图6.2.5　Windows 11系统

图6.2.6　微软Logo和Windows 11对比

三、计算机UI界面色彩设计

色彩是视觉思维中的一个重要的元素，在平板计算机的UI设计里同样特别重要。色彩主要分为彩色和无彩色。利用色彩的明度、纯度、彩度等属性对界面进行合理的搭配和定位，可以使用户利用视觉记忆和色彩感知对界面庞大的信息进行归纳与整理。

近年来，平板计算机UI界面中有许多应用对其品牌色进行调整。将拾色器划分为九宫格，通过对所选应用主色在拾色器中的观察，可以发现平板计算机UI界面中的大部分App主色的趋势：高明度、高饱和度的色彩。所以App图标大多更改方式是在轻微变动其色的基础上，提升色彩的饱和度与明度，让产品本身更跳跃。如图6.2.7所示，对支付宝、淘宝图标进行对比，支付宝和淘宝图标皆是通过提升色彩的饱和度来对品牌色进行调整的。

在网页内容中，文本颜色的选取也是非常关键的。每个色彩都有一个视觉上的权重，这样可以帮助用户在其内容中构建一个层级。利用色彩的深度，给每个要素以不同的重点。

如图6.2.8所示，一般来说，网页内容可以有两三种不同的色彩：主要的内容要用深灰色（如标题，但不能用黑色），而辅助的内容要用灰色（如产品简介），再辅助的要用浅灰色（如发行日期）。

第六章　不同平台的 UI 整体界面设计　**83**

图6.2.7　支付宝、淘宝图标对比

图6.2.8　网页内容展示

通常，相邻的元素背景也需要有微妙的差别，能够让人对它们进行区分。所以，我们要做的就是在不同的区块采用不同的背景色，并且尝试删除分割线。

对于界面背景色的设计同样非常重要，如下几种设计风格深受用户喜爱。

1. 白背景（White Background）

在用户界面的颜色设计中，网页的背景颜色是一个非常关键的因素。在如今的设计中，白色的背景是非常流行的。了解色彩心理学是创建配色的一个关键方面，这在数字设计中效果很好。如图6.2.9所示，吸引用户的最佳方式是通过"色块"平衡单色背景色与亮色，以突出数据中的重要内容或异常提示部分。少即是多，当设计师在UI设计中使用较少的颜色时，这将对用户更具吸引力和亮点。

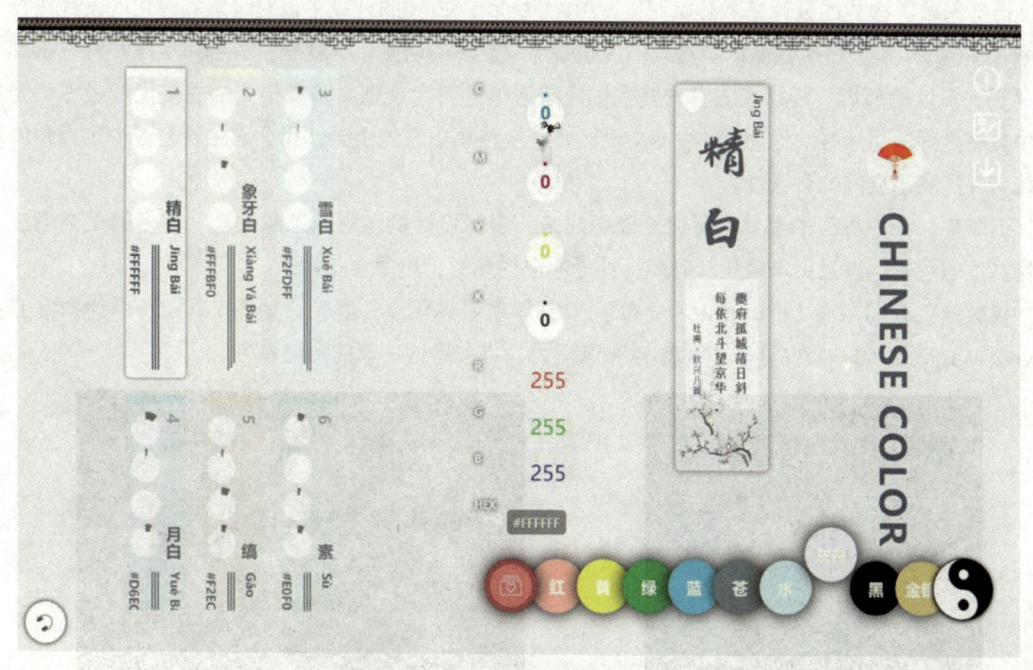

图6.2.9　中国传统颜色手册网页

2. 无色界面（Colorless）

色彩理论知识在每个 UI 和 UX 设计中都至关重要。正确地运用色彩可以给用户带来积极的印象，所以色彩在用户界面和 UX 的设计中起着非常关键的作用。大多数 UI 设计师都使用鲜艳的色彩将用户的注意力集中在重要元素上，并使设计令人难忘，如图6.2.10所示。

图6.2.10　dibbble单色调界面

3. 暗黑模式（Dark Mode）

近年来暗黑模式的设计趋势开始明显，Ant Design 在4.0的升级中也对暗黑场景化的设计进行了探索（图6.2.11）。白色界界可能对人们的眼睛造成更多的刺激，这就是所有应用程序和网站都加入暗黑模式设计的原因。暗黑模式有一些我们应该遵循的特定规则。暗黑模式的主要优点是在弱光环境中具有更好的可读性。作为 UI 和 UX 设计师，应该明白它的主要作用，它主要是减少了用户的眼睛疲劳并提高了夜间的可读性。

近年来，用户界面的整体色彩逐渐流行起来，视觉设计的色彩越来越大胆，更多的是高明度、高饱和度的色彩，以及更年轻化、时尚、视觉冲击的色彩，更适合年轻人。

权威颜色公司潘通（Pantone）发布了2023年度最具代表性颜色，如图6.2.12所示为洋红万岁（Viva Magenta 18—1750），这款颜色充满活力，将会是这一年的热门颜色。

图6.2.11　Ant Design暗黑模式界面 　　图6.2.12　权威色彩机构潘通发布（Pantone）2023年度代表色

四、计算机UI界面字体设计

选择符合产品气质的字体，可以与产品的定位相吻合，传递给用户正确的情感意识。在UI界面字体设计时，使用超过3种不同的字体来设计交互界面，会使界面看起来没有秩序感，也显得不够专业，通常两种不同的字重足以营造出优秀的层次感。同时，UI界面应在视觉展示上用尽量少的样式达到设计的目的。避免使用大量颜色、字重去强调重点或对比关系。减少字体类型的使用，也能够避免界面看起来零碎，使阅读效率提高。如图6.2.13所示为网页字体设计展示。

图6.2.13　网页字体设计展示

如图6.2.14所示，如果选择使用2种字体，请记得选择2种可以相互配合协调的字体，具有同样的视觉风格，不要让其中一个字体抢了另一个字体的风头。

图6.2.14　字体设计展示

对于正文部分的字重，应该不少于400，因为这一部分字体本身尺寸已经较小，低于400会使可读性不佳。如果一定要减少字重，可以用较淡的颜色，也可以用其他更有辨识度和较小字重的字体代替。

当页面涉及长篇内容时，使用较深的黑色字体会让人感觉到一种沉重感，而且很跳跃。通过选择类似深灰色这样的颜色可以很容易地解决这个问题，文字更容易被识别。

五、平板计算机UI界面的交互设计思考

1. UI界面的多功能布局

如图6.2.15所示，Windows 11除了在视觉设计上让人耳目一新，在交互设计上也给用户带来了全新的体验。多功能布局方式的呈现不仅提供了多种排列方式，而且用户可以同时进行多个任务。

图6.2.15　Windows 11界面

2. UI 中的 3D 元素

如图6.2.16所示，3D图形越来越多地出现在 Web 和移动界面中。毫无疑问，将各种3D图形应用到移动和 Web 界面是一项相当大的挑战，需要良好的技能和艺术眼光才行。在UI/UX 设计中添加3D元素有很多好处：

（1）让用户更好地理解设计意图和元素；

（2）3D元素看起来对用户更具吸引力，从而触发他们的长期参与；

（3）让用户流程的设计更加轻松有趣；

（4）可以实现360°的演示。

3. 有趣的细节互动

俗话说，有趣的灵魂万里挑一。可见有趣可以引发交流进而让人们产生积极的情绪。在UI界面设计中，有些有趣的设计是隐形的，需要用户自己去发现，当用户找到这颗"彩蛋"时，就会获得一份喜悦和乐趣，增强用户对产品的探知欲。如图6.2.17所示，在计算机端打开哔哩哔哩网站（B站）的鬼畜区长按"返回"图标10秒左右，会打开鬼畜区的新世界，其实长按"返回"图标10秒后网页下方会出现一条黑框提示"尝试输入字母，发现鬼畜秘密"。按照提示输入字母就会出现鬼畜明星划过你的屏幕！

图6.2.16　3D图形

图6.2.17　哔哩哔哩网站界面

有些有趣的设计又是显性的，目的是让用户与产品引发交流从而产生积极的情绪，如优酷视频会员弹幕，成为优酷视频会员，不仅可以尊享丰富的影视资源，还能让自己的ID在发弹幕时使用剧集相关角色的头像，带角色扮演头像的弹幕，让发言更有剧集代入感。这个"彩蛋"的设置一方面强化了会员身份的尊贵感与特权性；另一方面也丰富了弹幕区的多样化。这样有趣的UI界面的设计不仅具有用户黏性，而且消除了用户的无聊心理。

第三节　可穿戴式设备界面设计

从PC到手机，人们都在思考怎样才能在较小的显示屏上创造出更好的用户UI界面。在科技高速发展的今天，各类智能可穿戴设备逐渐走进人们的生活，随着可穿戴设备的出现，如何在小巧的显示屏上给佩戴者带来更加舒适的使用体验成为一个亟待解决的问题。

在市场上，可穿戴式设备分为手腕类（智能手表、运动手环）、身体类（智能衣服）、头颈类

（智能眼镜、智能耳环、智能项链）及腿脚类（智能鞋、智能脚环）。其功能因种类而异。不过，所有的可穿戴式设备都有一个共同点，那就是屏幕很小。随着智能手表的不断涌现，可穿戴式设备的屏幕颜色和丰富程度不断提高，同时，健康手环等智能穿戴设备也在不断地朝着简约方向发展。如何进行可穿戴式设备接口的设计一直是厂商们关注的重点。

一、可穿戴式设备设计原则

1. 极简主义/MUJI 风格

极简主义是UI设计中使用最多的风格之一，这种风格已经流行了很多年。极简主义追求"少即是多"的理念，设计上追求的是极简和留白，拒绝奢华，减少视觉上的干扰，让用户得以聚焦内容本身，它有助于改善用户体验。对于可穿戴式设备而言，界面较小，能容下的内容有限，所以必定要使用极简主义来设计屏幕。下面是极简主义的特征：

（1）简单；
（2）清晰度高；
（3）富有表现力的视觉层次结构；
（4）凸显每个元素的功能。

2. 直接操作原则

只有在能够直接操作物体时，用户的感觉才是最棒的，可穿戴式设备的界面更需要直接操作，但这并不太容易实现，因为在界面设计时，增加的图标常常并不是必需的。例如，过多地使用按钮、图形选项、附件等其他烦琐的东西。在进行界面设计时，应尽可能多地了解一些人类自然手势。在理想情况下，界面设计要简洁，让用户有一个直接操作的感觉。

二、腕带式设备界面设计

腕带式可穿戴设备在如今智能穿戴设备中最普及也最常见，主要包括智能手表和运动手环等。在现如今各厂商智能手表的推广，以及医疗产品在运动手环上的应用中，作为最易于实现智能可穿戴式设备的腕带式设备已经成功应用在了普通人的日常生活。根据统计机构的数据，Apple Watch、Garmin运动手表和华为的智能手表合并的市场份额达到了接近70%。

对于智能手表来说，如何在一块极小的屏幕上与用户进行沟通和传达信息是非常重要的。用户在与可穿戴显示屏互动时，喜欢极简主义。这是因为极简设计意味着一个小屏幕上不会有过多且杂乱的东西让用户去交互。如果选择了极简主义，可以确保从应用程序的颜色到选择的字体，所有的东西都是为了它的清晰度和影响力而选择的。

1. 色彩设计

目前，大多数可穿戴式手表在屏幕底色上都选择了黑色。很多智能手表的应用程序都在一个黑暗的背景光环境下运行。这使得在色彩的选择上变得尤为重要，需要使用一种能够更好地在黑色环境下工作的颜色。

当谈到怎样更好地在更小的屏幕上工作时，那就非扁平化设计莫属了，再加上黑暗的背景，也就意味着需要设计一个颜色鲜艳的图标。

如图6.3.1所示,华为手环B5的图标设计很好地使用了颜色明亮的色调,使其很容易在黑暗背景下看到。所有的颜色选项一目了然,非常有助于设计和功能性。

图6.3.1　华为手环B5的图标设计

2. 排版设计

对一个数字设计师来说,扫读是一个奇怪的术语。大多数情况下,设计师希望人们做的不仅仅是扫一眼内容。例如,如果在设计一个网站,那么希望人们至少花几分钟来关注网站所提供的内容。然而,为智能手表设计时,设计师吸引的是那些希望尽可能少地花时间与科技互动的人。让界面一目了然意味着将界面减少到最基本的可视级别,以便人们尽可能快地获取信息,这就要求可穿戴式设备的排版易于扫读。

无论要设计什么样的界面,重要的是要确保可视区域内没有用户不想要或不需要的信息。然而,如果是为智能手表设计应用程序,界面的简单排版尤为重要。

对于可穿戴式手表这种极小的屏幕来说,只有一种类型的排版能够适合在这些小屏幕上让用户扫读,那就是极简排版。

如图6.3.2所示为小米手环7表盘界面,不仅合作品牌众多,而且拥有丰富的信息展示和功能承载,可以通过手机进行下载传至手环上,并且可以自定义一些表盘内容,让每一部分内容都符合用户的需要,使用户一目了然。

3. 空间设计

在可穿戴式设备上,用户界面设计的成功与否取决于对空间的利用程度。如图6.3.3所示,可穿戴式设备界面中留出空白可以使小屏幕设计战略更加完美。如果元素间的空间过大,则无法容纳更多的东西。但是,如果这些元素的间距过小,那么它就会变得非常困难。如果满屏都是内容,就很难分辨,戴在身上也很难看到。所以,在UI和可用性上,一定要把握好UI的功能性,还要保证其可用性。

图6.3.2 小米手环7表盘界面

图6.3.3 可穿戴式设备界面

4. 字体设计

谈到可穿戴式设备的字体时，简单的无衬线字体通常是最好的选择。在绝大多数市面上的应用程序中，简单的无衬线字体都占有重要地位。如图6.3.2所示，小米手环7表盘界面比你所想的要大。

三、腕带式可穿戴设备界面交互设计

1. 易于访问

任何按钮、链接或其他可点击功能都必须非常易于在可穿戴应用程序中使用，不要让用户为使用内容而苦恼。专注于确保用户能够在5秒或更短的时间内获取智能手表上的任何内容。如果有人与智能手表应用程序交互时间超过10秒，可能需要重新设计它了。

例如，为智能手表开发的"Bring！Grocery Shopping List"应用程序可将购物清单上的商品转换成可视化的图标，这样用户就可以立即看到需要购买的商品。一旦选购了一款商品，可以轻敲手表将图标从红色变成绿色。

2. 简洁

KISS原则意味着确保不会为可穿戴式设备添加超过用户需求的动作或信息，让用户和设备之间的交互尽可能简洁。例如，如果用户需要在智能手表上回复一条信息，那么他们不想要在一个小屏幕上用打字的方式浪费时间。这就是为什么Android Watch上的Telegram等应用允许用户发送固定回复和表情符号替代。

3. 减少交互

网站设计者一般都会把精力集中在网站和移动应用上，这样就可以让用户更频繁的点击、互动和参与。但是，在为可穿戴式应用程序设计时，必须采用完全不同的方式。

对于用户而言，最高效的可穿戴式装置所需的作业量越小越好。在设计可穿戴式设备的用户体验时，除了使用触觉，也会使用震动与声音。用户还可以考虑利用声音输入进行活动规划和写作。在Apple Watch的Dark Sky Weather软件里，用户只需在网页间滑动即可了解更多有关天气预报的资讯。

要知道，在设计师想让一个可穿戴式设备的应用尽量减少互动时，也要考虑到应用与可穿戴式设备的兼容性，各种装置的性能和使用体验都有很大的差别。

第四节　车载UI界面设计

前几年似乎是造车热潮的高峰，特斯拉、小鹏、蔚来等一众新能源车相继问世，车载UI设计将会是一个新的设计门类，需要时刻关注，和GUI（图形用户界面）不同的是，车载UI的设计需要注意以下几点：

（1）屏幕大，触控区应该尽量在触手可及的位置，要缩短操作距离，操作要简单；

（2）考虑到夜间驾驶的情况，屏幕色彩不宜太亮，不要干扰驾驶人的视线；

（3）3秒原则：在3秒内给出用户操作反馈，可以是视觉也可以是听觉；

（4）文字主次明显，遵循易扫原则；

（5）icon设计简洁，识别性要高；

（6）多考虑使用场景，如异常天气情况。

一、车载UI界面与手机界面的区别

1. 不同的屏幕尺寸

手机屏幕为了满足手持操作，屏幕尺寸都比较小，在这里把手机设备统称为小屏设备。由于手机设备屏幕尺寸较小，所以更容易布局和设计。

智能汽车的中控为了能更方便地展示和操作，采用了超级大屏。如图6.4.1所示，梅赛德斯-奔驰2021新款S级全新12.8英寸竖置中控屏，不仅高端大气，而且相比老款更易操作。但是相对于车载UI而言，屏幕越大意味着越难设计，由于汽车UI本身功能的局限性决定了不可能有非常丰富的内容要去展现，一般使用极简风。所以，如何在超大屏幕下合理地设计有限的内容而又不能使屏幕空荡就成了一个需要仔细研究的问题。

图6.4.1 梅赛德斯-奔驰中控屏

2. 不同的使用环境

手机的使用室内环境居多，当然也会有很多室外场景。但是手机是掌控在自己手中的，如果遇到反光的情况我们只需要调整自身的角度即可避免。汽车室外行车过程中经常处于强烈的阳光照射之中，导致车内的反光强烈。然而在行车过程中不可能随意地调整角度。在这样的环境中，用户界面的设计要考虑怎样减少反射对显示内容的影响。通常情况下，会采用亮度较高的颜色降低反光对信息传递造成的影响。晚上开车时，车里的灯光会比较暗，如果仍然是高亮度的话会很刺眼，所以为了给用户带来更好的视觉体验，设计师都会选择暗黑模式（Dark Mode）。

3. 不同的使用功能

手机App的功能设定都是非常有针对性的，例如，微博就是用来社交的，爱奇艺视频就是用来娱乐的，淘宝就是用来购物消费的，网易云就是用来听歌的。手机App的功能针对性非常明确，每次都是完成单项任务。

汽车UI的功能设定首先都是围绕安全驾驶进行的，其次才是娱乐系统的功能设计。所以即使是在使用娱乐系统的功能时也要先保证安全驾驶的需求。例如，在驾驶过程中首先要显示安全驾驶的信息，其次才是娱乐功能的操作。

4. 不同的操作习惯

手机App的操作就是手指的滑动、点击、拖曳等，如单击切换菜单，上下滑动浏览内容，但对于汽车UI来说是完全不同的操作习惯。首先汽车UI的操作不仅仅用到手指，而是胳膊加手指的操作方式，而且重点在于在驾驶时使用能够方便省力。例如，奔驰2021新款S级采用新一代MBUX智能人机交互系统，集语音、触控和手势三位一体的多重人机交互体验，并且可以通过方向盘上的按钮控制触屏界面，可减少胳膊悬空滑动屏幕而带来的安全隐患问题。如果在行车过程中要精确地快进歌曲的进度，那么首先要胳膊悬空然后滑动进度条。由于胳膊的悬空导致用户很难精确地控制位置，当然也会耗费更多时间造成行车中的安全隐患。并且奔驰2021新款S级仪表盘采用12.3英寸的裸眼3D屏幕，可以实现立体效果。

二、车载UI界面的交互设计

由于汽车用户界面的特定功能要求，在交互中默认显示与安全有关的信息，其他的动作则以暂时的弹窗形式显示。这种互动是以产品的功能为基础的，所有的功能设计都是为了安全驾驶。例如，特斯拉Model 3会自动显示车辆的信息和导航，而音乐功能会在弹幕中显示出来。

1. 场景化设计

针对场景设置和内容呈现的特性，在不同的场景下，相同的功能将会发挥出不同的作用，从而达到最好的效果。以图6.4.2中的车载导航来说，在开车时，导航会起到很大的作用，所以娱乐多媒体只会显示歌曲的名字、专辑的封面和一些相关的动作。用户往上滑动，可以看见大量的娱乐功能，占据了整个屏幕的一半。再往上，就是更多娱乐资讯了。以特斯拉的 Model 3为例，这款车的第一个设计理念就是如此。

2. 多媒体设计

如图6.4.3所示，多媒体系统作为车载娱乐的重要组成部分，其设计直接影响用户的娱乐体验，精美的图像设计、语音或手势控制、界面切换的流畅性、连贯性和交互性，可以满足用户的个性化需求。未来，车载娱乐将成为内饰设计的关键选项。

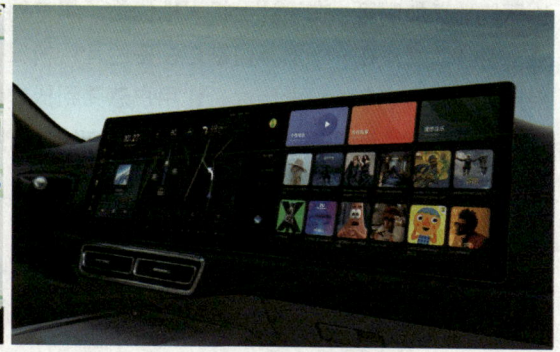

图6.4.2　车载导航界面　　　　图6.4.3　车载多媒体界面

3. 导航设计

导航界面可用性设计直接关系到交通安全，而可用性设计的核心问题聚焦于导航信息的传达上。在导航信息中加入地标信息等，将有效促使驾驶者将注意力转向外部环境，从而减少扫视次数，另外，界面的呈现也更立体、更形象化。

汽车语音导航功能通过整个大的交互屏幕实现，用户不需要复杂的层级，只需要知道去往目的地最快的路径并开到指定地点，背后的逻辑和多个层级的计算结果不需要展示给用户，另外，汽车导航界面有非常大的机会做得很炫、很赏心悦目、很直接。

在未来，汽车将变得越来越智能，底层数据呈现也越来越丰富。UI设计将汽车数据、功能和美学完美结合，一切看起来那么自然，没有一项交互是违反交互原则和用户习惯的，从颜色选择到布局再到转场动画，一切都很完美。

第五节　智能家居UI界面设计

智能家居是以住宅为平台，将家居产品与智能电子产品相结合，从而实现通过智能电子产品控制家居产品来为用户服务。智能家居产品通常都有一个自动监控系统，当它在使用过程中发生故障时，它会自动进行反馈和调整，从而形成高效化、智能化的住宅设备集成管理系统。智能家居提升了家居环境的安全性、智能性、舒适性、节能性、便捷性。与传统的家居产品相比，智能家居可以通过数据交互和远程控制等功能形态将智能产品从静态型发展成主动智能型。

一、智能家居UI界面设计原则分析

1. 便捷性（Convenience）

与手机、计算机的界面设计相比，智能家居界面设计的便捷性更加明显，在设计上极大地优化了用户的操作轨迹，为方便用户在一个屏幕内掌控设备的运行情况，一般采用更为简洁明了的视觉传达，让用户感受到操作便捷，营造一种轻松的氛围。智能家居控制面板如图6.5.1所示。

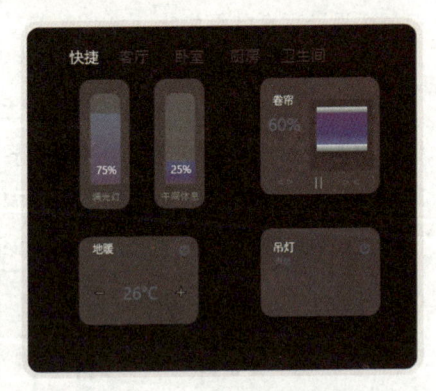

图6.5.1　智能家居控制面板

2. 简洁性（Conciseness）

为了让用户更好地使用，家庭用品的互动设计必须遵循简约的原则，在色彩设计中，智能家居图标的大小和设计都采用一致性的设计原则，且界面色彩一般采用蓝色系，明亮的蓝色契合智能产品的主题，同时给用户冷静、放松的心理暗示。智能家居蓝色系色卡如图6.5.2所示。

高亮	主色	辅助色	文字
#72D4FF~9E65FF	#2D75F2	#575D79	#EAEBEC

图6.5.2　智能家居蓝色系色卡

二、智能家居UI界面的交互设计

习近平总书记在党的二十大报告中明确提出：要推动战略性新兴产业融合集群发展，构建新一

代信息技术、人工智能、生物技术、新能源、新材料、高端装备、绿色环保等一批的新增引擎。随着当今社会的发展，人工智能技术越来越多地被运用到了智能家居的设计之中，而互动设计也逐渐成为当今家居发展的主流，它将极大地提升着人们的生活品质。

随着当今社会的发展，人工智能技术越来越多地被运用到智能家居的设计，而互动设计也逐渐成为当今家居发展的主流，它将极大地提高人们的生活品质。互动设计在智能家居中的应用，可以方便地进行界面的操作，既节省了时间，又节省了大量的人力、物力。智能家居可以通过先进的技术，将手工操作转化为智能操作，通过遥控、语音识别等，让家庭用品的使用变得更加便捷。与传统的家用电器相比，智能电器恰当地融合了互动设计，符合大众的实际需要，便于用户在交互设计界面上进行自由选择和操作。

在现代社会和科技飞速发展的今天，图像交互在整个系统中所占比例越来越大，并且是目前应用最为广泛的一种。例如，在移动应用软件的图标之前，它是以文本的形式显示的，当用户打开特定的功能指令时，屏幕上就会显示相应的文字，而在文本中，用户会发现，这是一种非常不方便的互动。随着手机技术的飞速发展，加之新的手机系统的出现，它的界面不再有文字符号，而是采用了简单的图形。相比于传统的文字，图标的形式更形象、更简洁、更容易被识别，用户可以在众多的功能菜单中快速地找到自己想要的功能。该设计的互动方式简洁，既能有效地缩短用户的操作过程，又能提高产品的观赏性和使用效率。在当今的智能家居产品中，这种设计方式是十分受欢迎的，它不仅体现在产品的界面，还体现在产品的外观设计上，让它的应用优势更加突出。智能家居吊灯图标（图6.5.3）用更为直观的方式展示灯光开启和关闭的状态，且一键即可启动。

图6.5.3　智能家居吊灯图标

随着社会的快速发展，交互设计在智能家居产品上的应用越来越多，不仅给广大用户带来了更多的生活体验，同时也极大地提高了人们生活的智能化和生活的品质。在未来的交互设计中，设计师要紧紧围绕设计规则，以便捷人们的生活为宗旨，设计出更多智能家居产品。

第七章 UI设计中的视觉表现

第一节 UI设计中的视觉元素

UI设计中的视觉元素是一切界面呈现的根源。它具体由文字、图像和色彩构成，以此表达出产品的具体属性和用户群体的固有特征。UI设计与其他设计有着本质区别，它更加注重艺术和技术的有效结合。如果要充分利用视觉元素，就必须要深度了解信息识别要素对于视觉元素显示的限制。用户在显示屏上看到的界面是服务器加载CSS代码后解析得到有关视觉元素的样式，当系统中没有时，便会在服务包中调取相应的视觉元素，只有找到了相应的视觉元素，才会对界面中的视觉元素进行渲染，显示出原来设计好的效果。

一、文字元素

（一）系统默认字体

文字元素在UI设计的视觉表达中是最直接的传播载体，可以实现直意的信息传达，它不仅是一种直观的视觉元素，而且是传递信息的重要媒介。字体是UI设计的重要组成部分，人们对文字越来越重视，对字体的类型、字体的大小、字体的色彩都有一定的规范和要求，在UI设计中也应用广泛。

通常情况下，使用当前系统的默认字体来代替复杂样式的字体，会导致用户的界面展示达不到预期的效果。为了避免给用户增加视觉负担，设计师优先考虑使用系统默认字体。系统默认字体属于无装饰的符号，直接传达信息。系统默认字体强大的优势在于其加载速度，而且识别性方面具有易读性，当用户体验网页时，倘若作为纯文字下载时，约1秒便可打开整篇页面。

大篇幅地使用系统中默认的宋体和黑体容易使用户产生审美疲劳，所以要尽可能地从文字的大小、样式、颜色、层次等内容上增加字体排版的艺术性。当然这些变化不是想当然的，应该遵守设计中字体元素运用的默许规范，如图7.1.1所示。在iOS版本中，设计稿字体为中文"微软雅黑"，样式为"犀利"。

分类	样式	字号	建议行距	使用场景
重要	标准字	34px	40px	用在上述重要标题 如导航标题
	标准字	26px	38px	用在一些较为重要的文字或操作按钮 如首页模块名称、按钮文字等
一般	标准字	24px	36px	用于大多数文字 如输入字段等
	标准字	22px	32px	用于大多数文字 如小标题、模块描述等
软弱	标准字	20px	30px	用于辅助性文字 如次要备注性信息等

图7.1.1　iOS系统字体规范

（二）图片置入字体

UI界面设计中面对的不仅是用户，还要对产品本身负责，为了突出产品本身的个性，设计师不得不使用特殊的设计字体。为实现特殊字体的展示效果，设计师必须把文字转化成图片的形式，以图片置入的方式，储存在界面素材包中从后台调取展示，以保证所有人看到的界面效果相同。

1. 文字类型选择

对于文字类型选择方面，简单的字体就更加适合，常用是无衬线体，为了保持简洁的设计宗旨，字体选择不要超过两种，甚至有的设计选择一种字体。明亮的配色方案用于背景图像，对文字的清晰程度和粗细要求也是十分的重要。UI设计要求挑选与配色方案既对比鲜明又和谐统一的字体，在满足基本阅读功能的同时还要有一定的审美。

2. 文字大小选择

对于文字的大小，在字体选择比较局限的条件下，标题性的文字内容较简单，字号需要加大，可以选择比较有特点的新颖的字体，起吸引用户注意的作用；文本内容文字字数较多，需要区域较大，字号可以小一些，可以选择一种比较简单的字体，保持文本内容的简洁性；标题性的文字和内容文字可以很好的区分，同时又不过于单调。文本内容本身与字体的选择同样重要，极简主义风格要求重点在于简洁，文本内容应同样保持简洁。

最美应用App在字体应用方面就是一个很好案例，如图7.1.2所示。目前，极简主义风格盛行，该设计要求下黑色和白色是

图7.1.2　最美应用App界面

最常见的文字颜色。文字放置在不同的背景上，文字和背景之间要有一定的对比效果，这样才能让文本内容清晰易读。文字区域之外要做留白处理，将视觉重点引导文本内容上，使用户自然地完成交互操作。

二、图标元素

　　图标是UI设计中的重要组成部分，是有指代意义的图形，是具有强烈指示意义的符号。图标是一种经过设计蕴含了丰富信息的图形，在UI设计中，图像或图形比文字更具有可视化效果。信息可以通过图形快速传达给用户，因此，UI图标在可视化操作系统中有重要作用。图标的视觉符号需要与它指代的功能相关，这样可以让用户产生关联的联想，从而激发用户的形象思维，提高图标的使用率。用户对图标的第一观感的时间非常短，图形在设计时需要把控可视范围内的造型简洁。

　　如图7.1.3所示，以Google Chrome为例。最早的图标色彩丰富，图形复杂，立体感比较强；中期的图标出现了轻质化的感觉，图形开始变得简洁，但是有一定的光影空间感；现如今的图标在保留原有配色的基础上变得更加简洁，去除了上一阶段的阴影。设计人员表示：新Logo通过去除阴影、优化比例和提亮颜色来简化品牌图标，以便与Google更现代的品牌表达保持一致。另外，中间的蓝色圆圈更大更亮。在颜色方面，引入了微妙的渐变来缓解红色和绿色在一起时产生的色彩振动。

图7.1.3　Google Chrome图标演变过程

　　虽然新版本的Google Chrome标志在每个平台上都相同，但由于不同系统的设计存在差异性，新版图标会根据不同的系统进行区别化设计。例如，配合Windows的扁平主题，在Windows上完全扁平显示。而Mac OS版本则稍微突起，与其他Apple App相近，如图7.1.4、图7.1.5所示。

图7.1.4　Windows系统中Google Chrome图标的显示　　图7.1.5　Mac OS系统中Google Chrome图标的显示

　　常用的图标应当在同层级中需要相对较大的尺寸，从而抓住用户的注意力。图标在界面中放置的位置也是决定图标可视化的重要因素，图标在界面的不同位置会引起不同的注意力，因而产生不同的效果。另外，运用视觉元素中的共同要素，使人们产生主观意识的视觉统一，通过点、线、面、色彩等基础元素的相似点，在心理上产生一种观感上的统一。这种统一会产生秩序美，但是不要肆意乱用，要以展现产品的内在属性为目的，从而使用户在操作应用时能够产生有关于产品属性的联想，增加产品的内在魅力。

三、色彩元素

众所周知，人的第五感视觉是第一观感。色彩给人带来的视觉冲击是从瞬间记忆开始的，给人留下的印象也是最深刻的。用户打开一个界面，首先映入眼帘的是这个界面的整体色彩，而不是其他元素。从心理学角度分析色彩给人的心理产生的是首因效率，所以说 UI 设计师对色彩的运用和搭配直接决定了应用设计的成功与否。

色彩属于视感现象之一，它不是物质中客观存在的成分和属性。有了光线就有了颜色，在黑暗的黑夜中人们感觉不到颜色的存在，所以没有了光线就不会有颜色，而光线是人类感知颜色存在所必须具备的条件，颜色来自光线。因为物体反射光色不一样，所以人们所观察到的物体颜色也不一样，而且会随着光线的变化而发生变化。

1. 色彩的三属性

理论上，任何色彩都具有三种属性，又称色彩的三要素，这是构成色彩所必须具备的三个最基本条件。

（1）色相（H）。色相又称为色调或色度，指色彩的相貌，是区别色彩的必要名称，即常见的红、橙、黄、绿、蓝、紫等，如图7.1.6所示。

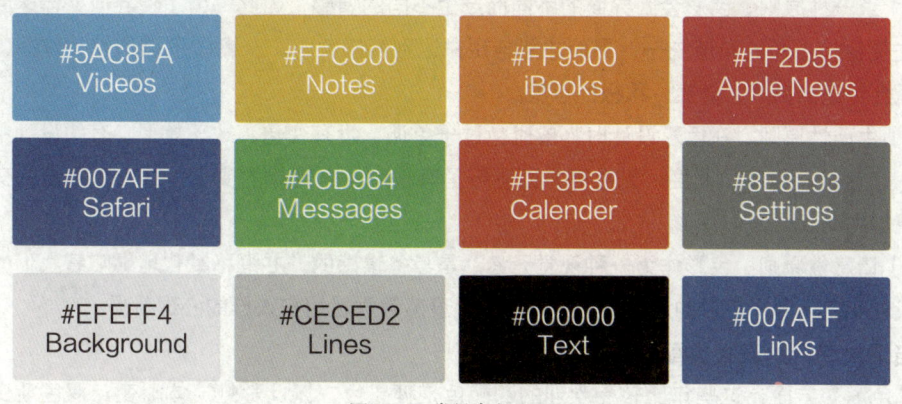

图7.1.6 常见色相图示

（2）明度（L）。明度是指色彩的明暗程度，也就是具有色彩的物体经由光的照射，不同的颜色反射的光量强弱不一，因而产生的明暗程度，如图7.1.7所示。

（3）纯度（C）。纯度是指色彩纯净、饱和的程度。具体来说，纯度就是表明一种颜色中是否含有白色或黑色的成分。纯粹色彩中无黑色、白色混入，达到饱和度的色又称纯色。也就是说，当纯色与黑、灰、白或其他颜色混合以后，彩度就会降低。黄色可实现的彩度最高，其他是橙、红、青、紫。对于非彩色，其彩度非常低，但是有时候，例如黑色，习惯说这个颜色不够饱和，它的含义往往是指这个黑色的深度不够。如图7.1.8所示为纯度图示。

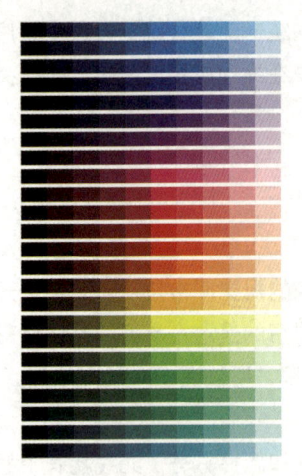

图7.1.7 明度图示　　　　　　　图7.1.8 纯度图示

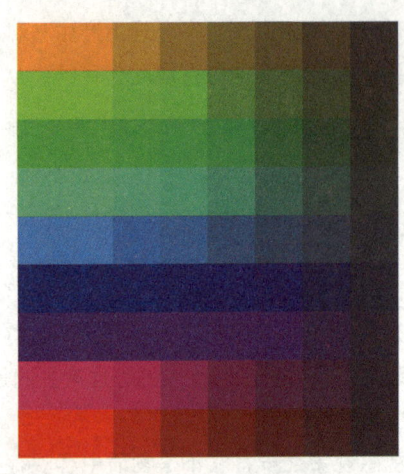

2. 色彩设计的原则

色彩是视觉设计的重要组成部分。如果色彩信息过多，则容易干扰用户的注意力，不能快速、准确地获得视觉重点。用户过多浏览这样的界面会感觉视觉疲劳，给用户带来不好的体验。UI设计的视觉元素即图标、图形、字体、版式设计都离不开色彩，合理的色彩搭配会给用户带来视觉享受，产生愉快和美好的情感。由此看来，色彩的选择和搭配十分重要，在设计过程中需要遵循以下三个原则。

（1）统一性原则。色彩会因界面的不同而产生不同的情感，因此，为了使界面整体达到和谐统一，首先要保持色彩的和谐统一，界面才能与用户达到情感共鸣。一副暖色调的设计作品，舒适和谐的色调会传递出自然、健康、积极的态度。

（2）生动性原则。在色彩设计时，应避免过于单调、没有变化、缺乏氛围。有的设计中，在色彩的面积、色相、纯度、明度、光色等方面进行了有秩序、有规律的变化，给人以丰富的变化感，让设计更加生动。

（3）情感性原则。色彩作为一种视觉元素，是具备情感的，并潜移默化地影响着我们的行为和情绪。我们要充分利用色彩的温度感、距离感、尺度感等满足用户人群的心理感受。

3. 当下最流行的五大类配色方案

在单色渐变方面，这些年比较受欢迎的UI配色是糖果色，以及彩虹流体渐变；双色渐变则有艳色系及浅色系与深色系的种属之分，以往都是纯平配色。设计师要根据App企业色、产品风格、目标用户群的偏好来搭配色彩。通常UI在出镜时，都要多选择几套颜色来让用户和上级进行选择，由于一款App颜色的选择并不只取决于UI设计师的偏好，它关乎着整个企业这个产品线的兴衰。如图7.1.9所示。

（1）普通电商类。普通电商类App多以橘色、红色、粉色等暖色为主色搭配，由于用户群体多为女性且需刺激购买。但高端购物App中还有不少黑金、黑白等冷淡系的色彩搭配。

（2）普通音乐及理财类。普通音乐类App多以绚紫和紫红为主色调，少数文艺类以红白和黑金为主色调；普通理财类App多以橘色、紫蓝、金色、红色或黑底为主色搭配，尽量不使用绿色。

（3）普通美食类。普通美食类App的颜色主要是米黄色、咖啡色、粉红色和其他烘焙色；高端定位则采用黑金、绿色食品冷链将采用蓝绿色路线。当然实例也有不少，设计师可以对竞品进行更多的剖析，对各种App色彩搭配进行自行归纳，这里不再重复。

（4）普通医疗、科技和旅游类。普通医疗、科技和旅游类产品多以绿色和蓝色为主色搭配，但部分医疗美容产品使用粉色，而旅游类产品使用柠檬黄，部分民宿类App使用红色。

图7.1.9　UI设计当下流行的几大配色

第二节　UI设计中的视觉元素布局

UI设计中包含众多元素，如点、线、面、图、文字、色彩，以及实际存在的四维时间——时、分、秒。根据这些元素的有序排列，制作出包含横向平面、纵向空间和四维时间的"移动立方九宫格"，如图7.2.1所示。"移动立方九宫格"形似魔方，每一个格子都是由X（横向平面坐标）、Y（纵向空间坐标）、Z（四维时间坐标）三个维度要素布局构成。

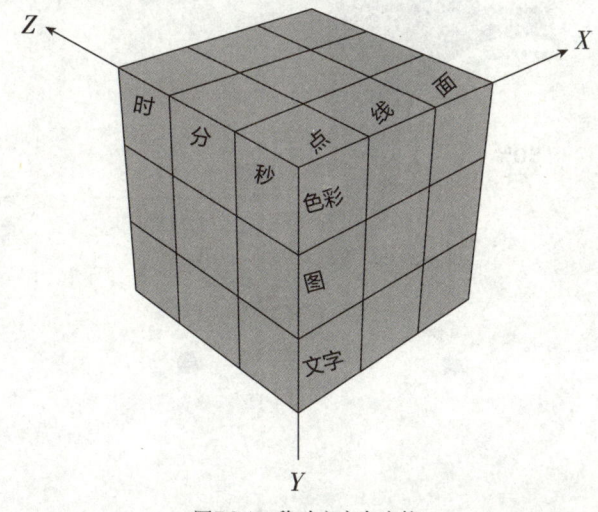

图7.2.1　移动立方九宫格

一、横向平面布局

UI设计中的横向布局，指的是平面设计在详细排版过程中对点、线、面进行艺术性组合排列，将自我构思用可视化的形式展示出来。横向平面布局可以让网页从视觉效果给人以美观体验，还能对界面固有信息和功能进行优化，提升网站自身的内容属性。

1. 结构化布局

UI设计与印刷品设计最大的不同就是它有着交互功能，所以在进行界面设计之前一定要与委托方明确应用的都有哪些功能，明确应用的功能主要是方便界面中以模块化为单位的调整，从而增加页面的秩序性；另一个重要的原因就是UI设计师交付的仅仅是高保真设计稿，并不是最终呈现给用户的界面成品，通常还要交付给开发进行二次完成。

为了符合开发框架，保证呈现出完美的最终效果，聪明的设计工作者就创造了栅格化这一原理。互联网中的栅格化原理是以等距的网格，在左右横向上把界面划分成为若干等分，用来规范板块间的信息布局。栅格化有纵向栅格也有横向栅格，栅格提供内容布局的规范，让信息组织得更有条理，在栅格规范内做设计，上下左右、垂直居中对齐，横平竖直、方方正正看着舒服，信息布局清晰易读，如图7.2.2所示。出于各方面原因，在遵循可用性和易用性规则下，绝大多数的界面都使用着相同的规则来规划整体的布局。从淘宝到京东，从苹果官网到政府官网，它们都沿着相似的栅格系统，在格子中添加内容。

图7.2.2 结构化页面布局

以平面设计的方式来划分网页界面，灵活地赋予个性，启发灵感，带来跳出定式的想法。板块间的布局是依据用户日常操作中视觉惯性来定位的，页面以多种方式分为不同的部分，在设计的同时要注意用户的视觉思维，从而营造界面的平衡感。

2. 艺术化布局

功能的实现固然重要，但是页面的美感也是设计师追求的永恒主题，分割、节奏、变化统一、对称、平衡、对比、调和，这些都是界面艺术性的重要表现手法。界面的艺术性主要靠视觉元素之间的和谐关系来突出，视觉元素的关系是指一个元素内部发生变化之后各部分产生的关系，或者是一个以上元素的间距、角度、透视、比例发生了变化。在界面的大环境下，调整各元素之间的对比关系，试图寻找视觉上的美感，如图7.2.3所示。例如，调整一个图标的大小、颜色等内部关系可以使界面更具有环境美感，所以在界面的大环境中元素间合理的变化会产生形式美。

图7.2.3 艺术化页面布局

简单来说，就是把具象的文字、图、色彩抽象成点、线、面来进行排版设计，抽象思维能触发设计师的灵感，创造性地解决工作中的问题，这也是设计师跟美工最大的不同。

从理论上说，点的轨迹构成线，UI设计中常用到的线就是分割线，它可以降低读者阅读的疲劳率，提高内容导读性。线的密集构成面，是视觉艺术中的最大单位，其包含的内容十分丰富，可调节整个画面的视觉重量。通过调整形状、大小、位置、方向配置抽象的点、线、面。布局时要有一定的留白，保持界面的整洁性，突出重要内容，从而引导用户的注意力。页面布局必须遵循重点突出、协调统一的原则，同一应用所有页面应具有共同的表达要素，再适当加入一些变化进行强调，使版面变得规整而活泼。

二、纵向空间布局

设计师采用的纵向空间主要依托格式塔中的接近性原则。把UI设计视作设计师对应用表现的一种特定形式，色彩、图像、图形、文字等各类元素就是设计师进行信息传播交流的不同载体，它们统称为"指代物"。同时，这些"指代物"的指代程度影响着用户的纵向阅读顺序、视觉感知等行为习惯。所谓视觉感知习惯，指的是在阅读过程中，从表征到认知，从虚拟到真实，从抽象到具体，从静态到动态的读者方向。UI设计中从色彩的抽象感官到图的具象表征，再到富有内涵性的文字，反映了人类视觉认识由感性向理性的逻辑过程。视觉元素纵向空间布局可以有效地组织信息的传达，增加用户的分层感知力。从UI的视觉元素看，一般情况下从上到下可以将视觉元素纵向空间分为色彩、图和文字三个层次，如图7.2.4所示。

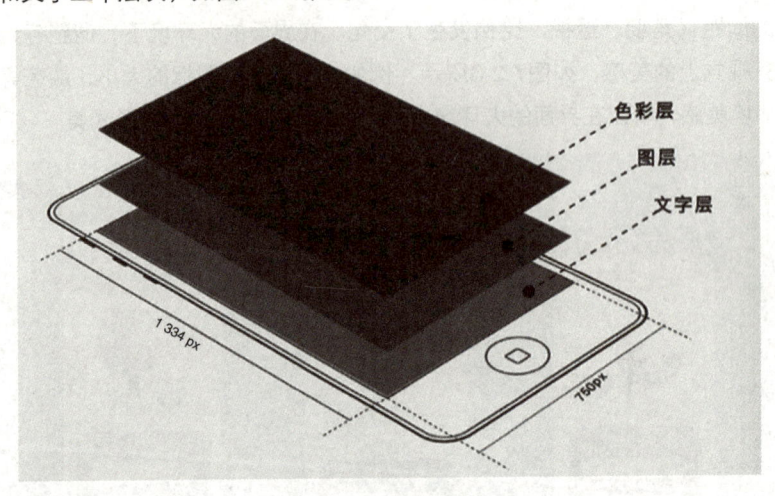

图7.2.4 纵向空间分层结构

1. 第一个层次：色彩

色彩是一种强有力的语言，界面格调的魅力、产品的性格属性的信息多数是由色彩来完成传递的。经验丰富的设计师往往能利用色彩联想的心理现象，实现产品营销的目的。色彩的总基调对于这个视觉时代就像是一个人的妆容，对于页面视觉设计非常重要，可以有效地吸引用户的注意力，如图7.2.5所示。

色彩对人的视觉和思维的影响力可以用一个UI设计中经常出现的现状来说明。例如，对于交互设计师来说，通常交互原型都为黑白稿，这是避免色彩在前期交互设计中投入过多的精力在色彩效果方面，专业人士都容易被干扰，用户更是受色彩的迷惑。

色彩之所以被放在纵向视觉的第一层，除夺人眼球外，还有区分层级的功能及指示信息指代的功能。在UI设计中，色彩的指代功能是一个很重要的功能，要想让用户潜移默化地被界面配色所感染，就必须了解色彩所产生的心理感受，从而让颜色指示功能显著。例如，蓝紫色的字体就是指代文字链接可操作，同样，我们经常会在微信朋友圈、QQ空间、微博中看到文字链接提示。另外，色彩还可以通过获取视觉焦点来指代信息，例如，在搜索框中输入文字时会出现光标闪动，并且输入框的颜色与未操作时不同，通常情况下PC端上这种色彩方式用得较多。

2. 第二个层次：图

由于不受任何时空文化的制约，图形可以有效地传达着产品信息，成为用户非常喜欢的读图形式。图的自身运用的是符号的表达方式，包含了设计者更深一层的思想感情，这感情需要一定的时间逻辑感知，或许只有几秒，但是已经晚于对色彩的感知。

App的图形设计能让用户更加深刻，直接地了解App的作用，同时又能让App将信息更直接地表意于用户。在UI设计中，图形一般是根据具象事物主观概括形成的抽象记录。虽然版面的占据比例不大却往往代指某些功能，排版时为了突出其功能性，经常在横向布局上给予特殊的位置照顾，图形的视觉吸引力由此可见，如图7.2.6所示。

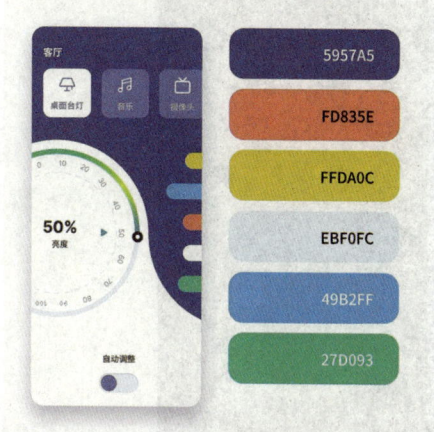

图7.2.5　色彩类页面图示　　　　　　　　图7.2.6　图形类页面图示

同时，图像也是一种重要的表现形式。图像是根据客观事物进行客观概括形成的，是一种人为的具象记录，图像具有很强的还原性和真实性。图像可以概括为日常生活中对于客观事物的写真，可以描述大量生活细节。图像在界面中占据面积相对比较大，在面积上抢占先机，与图形一样有着较高的吸睛力。图自身就是符号的一种表达方式，同时，它又是以符号的原理吸引用户的注意力，从而产生感情共鸣。

3. 第三个层次：文字

文字内容传达的优点是观念明确，在认知上有一定延展性，是人类文化的重要组成部分。但在视觉传达中，文字所传达信息的包容性、延缓性，使之不能像色彩、图等元素一样具体、完整和富有动态感，所以用户会自动对纯文字感知后续化。文字是一个耐人寻味的元素，文字对用户的影响力也是非常巨大的，因为文字能把信息准确、有效地传递给用户，是UI设计中必要元素，所以为了保证良好的用户体验，增强用户的浏览兴趣，大多数文字放在视觉的第三层是比较理想的。

文字在UI设计中是非常重要的元素，它虽然在界面设计中占据大量空间，表现形式却充满无限魅力，不仅能更好地向用户传递界面的信息和情感，还能提高内容传播的速度，如图7.2.7所示。

在快消时代，用户渐渐地失去了阅读的耐心，阅读文字显得格外消耗时间。在界面设计中海量的文字涌现，使用户渐渐地对文字产生了视觉疲劳，这时文字的视觉层次后置化排版显得尤为重要。另外，大篇幅的文字组块排版可以增强视觉传达效果，通过字体的字号、字体的颜色、字体的字形的对比将视觉后置化，提高作品的诉求力。在UI设计中，文字的后置化的前提是要保证文字的识别性，可识别性是用户最基本的诉求，是人机实现良好沟通的基础。

图7.2.7　文字类页面图示

三、四维时间布局

在UI设计中，因为信息量庞大且功能众多，加上用户浏览时间有限，为了让用户在适当的时间浏览到恰当的信息，设计师一般会在展示内容上给予一定的时间布局。理顺信息之间的先后层级，把握住整个功能的重点关系，把呈现给用户的视觉元素从展示时间上拉开层次，这是UI设计师在设计交互流程时重点关注的布局。

1. 交互流程

优秀的界面布局能让用户快速找到想要的内容，还能让界面信息变得更清晰有条理，帮助用户将注意力集中到重要内容，以及增加UI设计的可用性，让界面变得更加美观。

交互设计的主要表达方式就是交互流程图，其中直观的就是界面间相互跳转的交互原型。这里的界面不是通常意义上的高保真设计稿，而是简单的线条和方框构成的图的线框图，主要目的是定义界面间的层次，以及界面中的信息架构，如图7.2.8所示。

当产品的内容和功能变得庞大时，好的信息架构可以事半功倍，让用户在使用产品时能第一时间找到自己想要的目标。一个应用的视觉界面往往是几十个或上百个，显示的界面是有物理限制的，只从时间上分主次，从UI的视觉要素上应该注意时间的分层。

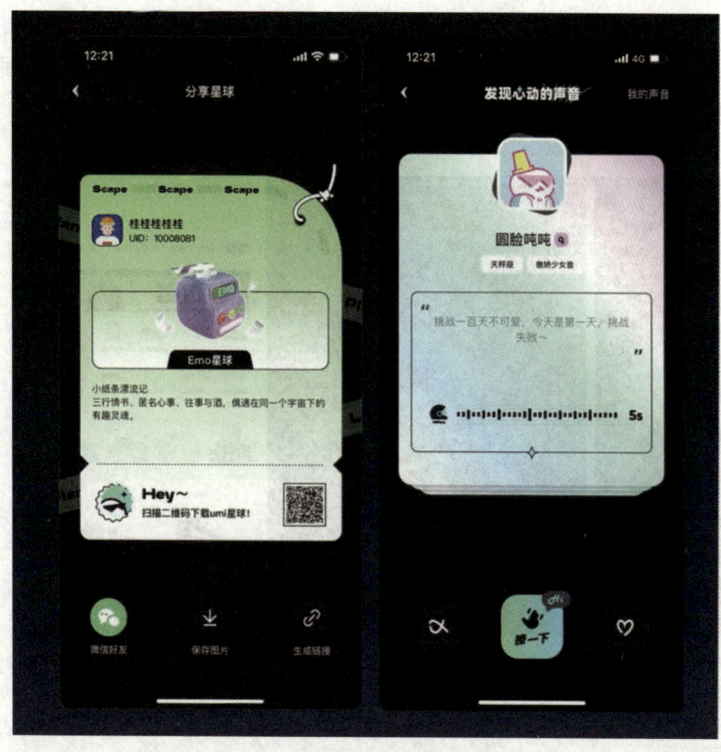

图7.2.8　交互流程页面布局

2. 动态视觉

随着网络的普及和电子设备技术的发展，界面的动态形式迅速发展起来，界面的动态视觉形式的设计在网页设计中起到重要的作用，动态可以完美地解释界面要素之间的关系，并且阐明它们是如何进行交互的。为了让用户知道某一信息和上一个、下一个信息的关系，保持使用的延续性，层与层之间应用页面分级还是平级切换都需要斟酌使用。

动态顾名思义就是动画效果，可以分为指向性动效、提示性动效等。这些动效通常贯穿UI设计的操作过程，可以称为功能型动效。创设恰当的动态效果对于界面关联十分重要，这就要求设计时需要遵循形式美的法则和用户的视觉规律，创造出让用户愿意主动接受的效果。

四、常见构图布局

构图是指作品中艺术形象的结构配置方法，是造型艺术表达作品思想内容，并获得艺术感染力。它在视觉艺术中是常用的技巧和术语，特别是绘画、平面设计与摄影中。在UI设计中，构图的主要作用是构建和谐稳定的页面布局。

1. 平衡构图

左右对称、上下对称的构图，一般不会有太大问题。由人类对世间万物的观察来看，生活中绝大多数的事物都是对称的。对称平衡的形态在视觉上有自然、均匀、协调、整齐、稳重的美感，符合用户的视觉习惯，在电影海报中广受好评，如图7.2.9所示。

"对称构图"是将版面分割为两部分，通过设计元素的布局让画面整体呈现出对称的结构，具有很强的秩序感，给人安静、严谨和正式的感受，呈现出整齐、平稳、经典的气质。在得物App中应用对称图可体现平台的核心，即正品与品质，如图7.2.10所示。

图7.2.9 对称类电影海报

图7.2.10 得物App对称图的应用

2. 黄金分割法

黄金分割是指将整体一分为二，较大部分与整体部分的比值等于较小部分与较大部分的比值，其比值约为0.618。这个比例被公认为是最能引起美感的比例，因此被称为黄金分割。

设一条线段AB的长度为a，C点在靠近B点的黄金分割点上，且AC为b，则b与a的比称为黄金分割比，黄金分割具有严格的比例性、艺术性、和谐性，蕴藏着丰富的美学价值，这一比值能够引起人们的美感，被认为是建筑和艺术中最理想的比例，如图7.2.11所示。

并且，画家们发现，按1∶1.618来设计的比例，画出的画最为优美。例如，在达·芬奇的作品《维特鲁威人》《蒙娜丽莎》还有《最后的晚餐》中都运用了黄金分割，如图7.2.12所示。

3. 九宫格设计法

九宫格构图也称井字构图。即在画面上横、竖各画两条与边平行、等分的直线，将画面分成9个相等的方块，在中心块上4个角的点，用任意一点的位置来安排主体位置，就是九宫格构图，如图7.2.13所示。

实际上这4个点是表现画面美感和张力的绝佳位置。当然，在实际运用中还应考虑平衡、对比等因素。这种构图原则在海报及摄影中有着极大的使用。在携程、去哪儿App中体现了九宫格的实际应用，如图7.2.14所示。

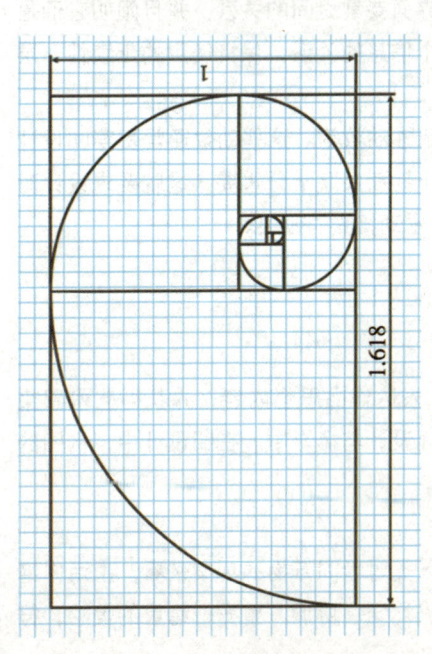

图7.2.11 黄金分割比示例

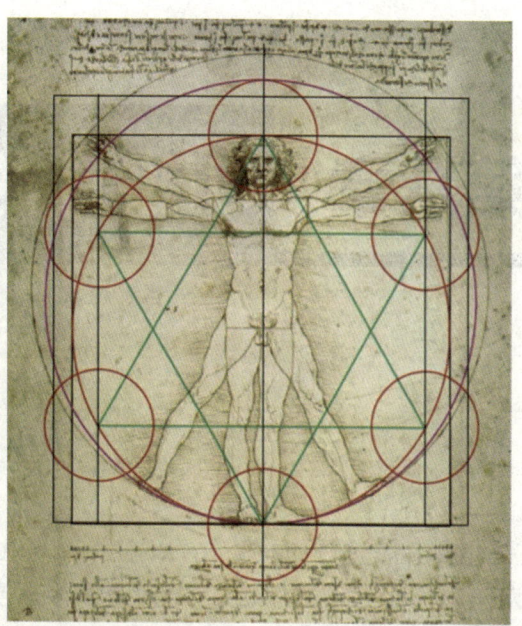

第七章　UI 设计中的视觉表现　109

图7.2.12　名画的黄金分割法示例

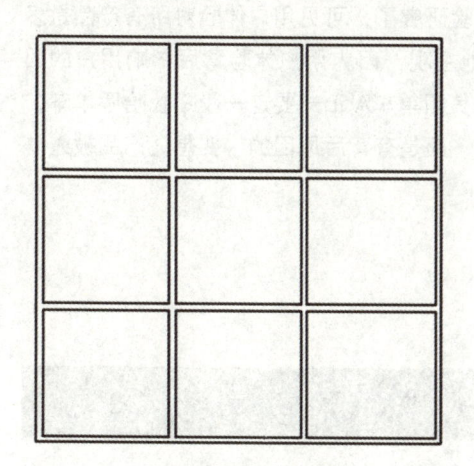

图7.2.13　九宫格示例

图7.2.14　携程、去哪儿App九宫格的应用

第八章 UI设计的用户研究

人们应该经常会听到UED（用户体验设计）和UCD（以用户为中心的设计基础），由此可见，互联网行业是很重视用户体验的，而好的用户体验绝不仅仅是要样子好看。有些设计师只关注视觉效果，认为产品战略等用户体验维度与自己的设计无关，这样就会和产品经理等角色处于不同的角度。

"他们为什么要我这么改？""为什么这里文字要浅一点？"有时不理解对方的思考角度往往就会造成争执。用户体验（User Experience）是用户使用产品的心理和感受，用户体验体现了产品设计以人为本的设计精神。

其实早在互联网出现之前就有"顾客就是上帝"的说法，并且西方很多大公司（如施乐、联合利华等）早在互联网行业出现之前就已经开始进行用户体验研究了，可见用户体验对所有产品是多么重要。但是让人摸不着头脑的是，用户体验有时非常地主观：因为用户体验背后影响用户的因素有人的喜好、情感、印象、心理反应等。例如，有人有美团单车App却要走一段路找哈啰单车，有人只吃肯德基而不吃麦当劳。这些选择并不是优胜劣汰，而是有背后原因的。要想让产品被人喜欢，我们需要研究用户。

第一节 用户画像

用户研究团队可以根据产品的调性和用户群设计一个用户模型，称为用户画像。用户画像由带有特征的标签组成，通过这个标签可以更好地理解谁在使用我们的产品。

用户画像建立后，每个功能可以完成自己的用户故事：用户在什么场景下需要这个功能。这样，我们所设计的功能就会更接近用户实际的需要。例如，要做一个高端服装的购物应用，那么我们可以做用户画像：小丽，在一家大型企业上班，28岁，收入8 000元，喜欢网上购物，如图8.1.1所示。

用我们的产品是为了寻找正品的时尚大牌服装进行网购。"小丽"虽然喜欢大品牌但又不想花太多钱来买。（需求：用我们产品是否可以解决这个痛点？）小丽是时尚的白领女性，审美很高，不喜欢俗气的设计。（提示：界面设计是否使用高端的黑、白、灰色而不是小清新的风格？）。

虽然"小丽"并不是真实存在的人，但她指引了我们的产品设计。接下来，还可以给"小丽"增加一个头像，在做设计时假设这个人就是真实存在的用户，她会对我们的设计有什么看法？当完成用户画像之后，还可以接着设计用户故事："小丽"经常需要在工作场合穿符合工作气质的衣服，也需要在约会时有晚礼服之类的服装，可是"小丽"的收入有限，虽然她眼光较高，但是对价格过高的服装无法承担，

小丽
28岁
大型企业上班

特征
追求大品牌服饰，精打细算，眼光极高

用户习惯
喜欢逛淘宝、唯品会等电商平台。喜欢穿大品牌服饰，目前市面上的App无法满足她的购物需求

图8.1.1　用户画像举例

她使用我们的App就是为了寻找正品且价格适中的服装。那么，"小丽"在哪里用我们的App呢？这就需要继续设计一个用户使用场景：她可能会在开会时打开App浏览、在地铁里浏览、在睡觉前也会浏览。这些时间都是所谓的碎片时间，而且都是在考虑穿什么衣服的时间。（那么，我们是否需要设计一键推荐适合"小丽"品位及需求的服装？我们是否要设计蓝光过滤阅读模式等？）

第二节　准备工作

一、用户讨论

用户讨论是邀请用户来回答产品的相关问题，记录并做出后续分析。用户访谈有三种形式：问题式交流（根据之前写好的问题结构）、半问题式交流（一半根据问题一半讨论）、开放式交流（较为深入地与用户交流，双方都有主动权进行探讨）。做用户调查时要注意：用户不可以是互联网的专业从业人员，也不可以提出诱导性问题，尽量使用白话交流。用户调查适合产品开发的全部过程。

二、前期调查

前期调查可分为纸质问卷调查、网络问卷调查。依据产品迫切需要了解的问题，整理成文案让被调查对象回答。问卷调查是一种成本比较低的用户调查方法，适合产品策划初期对目标人群进行分析。另外，就一个问题至少收集10份问卷；如果有10个问题，那么必须收集至少100份问卷才能有效地使用它们。毕竟，并非所有受访者都愿意耐心地填写问卷，有些受访者很可能敷衍了事，这可能会干扰调查者的判断。

三、可行性测试

可行性测试是通过过滤不同的用户组（选择内部人员，如前台、人事等）进行产品操作，测试人员在测试仪旁记录，要求用户是实际产品的用户，并且不从事相关产业工作。可行性测试一般要有一个可用的软件版本或原型供人测试才可以（在软件开发的前期不适合用这个方法，也不适合小型外包公司，人员成本太高）。

四、大数据分析和用户的反馈

大数据分析和用户的反馈通常适用正式上线、已经运营了一段时间、有了一定的用户基数的产品。根据后台数据的分析和用户反馈，来对产品进行一定的调整和优化。

有了以上几种方法，我们能更好地了解用户和接近用户。但是要注意，用户研究也是有误区的。例如，填写问卷和参与调研的用户可能并不是核心用户，除了提交用户反馈那些人，可能还会有更多剩余用户等。总之，用户研究是一个必要的手段，但是仍然需要产品团队来对产品的方向做出决策。

第三节　使用场景

用户使用的场景是根据产品的功能和平台决定的。计算机的使用场景一般是一手键盘，一手鼠标；而移动端则是随时随地使用，用户可能是在等公交时、在上课时、在等待女朋友买衣服时、在上班时、躺在沙发上看电视时浏览等。

在不同的场景和时间中，设计师要为用户考虑不同的设计，如他们在各种场景中使用产品时有什么需要，是否需要省流量，是否需要调整字号，是否需要过滤蓝光，是否需要护眼模式，是否方便看视频，是否需要缓存视频，是否双手操作不太方便，是否扫二维码时需要手电功能，是否需要语音提醒，是否需要清除访问记录等。

一个不考虑用户使用场景的产品一定是会使用户抱怨的。经常会听到一些人抱怨"这个App也不设个提醒，早上看电视以为是在用WiFi，结果看了一部电影用了好多流量"等。

第四节　操作手势

　　网页设计所处的计算机端目前主要还是依靠鼠标点击来操作的，鼠标点击的最小单位甚至可以是1 px，而移动端不太一样，移动端设备中人们用手指来操作界面。一般来说，手指点触区域最小尺寸为7 mm×7 mm，拇指最小尺寸为9 mm×9 mm。也就是在@2x设计中为88 px（或44 pt）。这个神奇的88 px在移动端应用很广泛：很多表单项的高度是88 px，导航栏高度也是88 px等。人们可能会说，有些界面上的图标看上去没有88 px。但是，那只是视觉感受，可以通过增加图标点击区域的方式（如把66 px大小的图标增加22像素的透明区域）来让图标更好点击。要注意，在设计时不要把相邻的操作区域放得特别近，可以把所有点击区域用88 px标记看是否有重叠的情况，避免点击一个图标时误点另一个图标。除了点击区域，移动端还可以利用各种手势来进行各种操作的设计，常用手势如下。

　　（1）单点触碰（Tap）：单击用来选择一个元素，类似鼠标的左键，是最常用的手势。

　　（2）拖曳（Drag）：单击某个元素然后拖曳进行移动，类似现实生活中移动物体的感觉。

　　（3）快速拖曳（Flick）：速度很快的拖曳操作。

　　（4）滑动（Swipe）：水平或垂直方向的滑动，如翻阅相册和电子书的手势。

　　（5）双击（Double-click）：快速点一个物体两下，通常会在放大、缩小操作中使用。

　　（6）捏（Pinch）：两根手指向内捏，捏的动作会使物体变得更小，通常在缩小操作中使用。网易新闻客户端中正文页面即可通过捏的动作来缩小字号。

　　（7）扩展（Stretch）：两根手指向外推，现实中这种操作会使物体向外拉伸，元素可能会变得更大，通常会在放大操作中使用。网易新闻客户端中正文页面可以通过扩展放大字号。

　　（8）长按（Touch and Hold）：手指点击并按住不动会激发另一个操作，如朋友圈的相机图标长按可只发文字。但是注意，长按不是一个常态操作，所以一般不太建议用户进行该操作。但长按操作又是有需要的，所以会把删除、只发文字状态等操作隐藏其中。

　　除使用场景、点击区域、手势外，还有一个影响使用设计的问题，就是用户怎么拿手机很重要。用户可以单手拿手机、双手拿手机、直向拿手机、横向拿手机。我们需要考虑这些可能发生的特征进行手势互动的规划与设计。例如，为了方便用户的手（可以是左手或右手）可以轻松地按下主按钮，一般将主按钮放在下方并且做得很大。另外，许多微信按钮也非常大，便于左右手启动。水平屏幕使用场景通常是游戏、视频等，因此普通应用不支持水平屏幕（如微信、支付宝、微博）。

第五节　用户认知因素

认知心理学是20世纪50年代中期在西方兴起的一种心理学思潮，在20世纪70年代成为西方心理学的一个主要研究方向。它研究人的高级心理过程，主要是认知过程（如注意、知觉、表象、记忆、思维和语言等）。"认知"既是内容也是过程，它包含了人们获得外界知识并利用它形成和理解自己的生活经验的全部内容。

从心理学的观点研究人机交互的原理。该领域研究包括如何通过视觉、听觉等接受和理解来自周围环境的信息的感知过程，以及通过人脑进行记忆思维、推理学习和问题解决等人的心理活动的认知过程。

一般心理学告诉我们，认知是对事物所有要素的整体感知，包括对整体形象意义的理解和情感表达。狭义的知觉是以感觉为基础的，是将感觉材料经过综合后而形成的形象知觉，具备了知觉综合性、整体性、连续性和不确定性的特征。人类认知是对外界信息的输入（感觉）—加工处理—输出（行为、反应）的过程。

通常情况下，浏览路径主要是由两种运动形式组成：凝视和扫视。凝视是指眼固定在某一位置；眼的扫视表现了人的行动的特征和认知过程，扫视是眼飞快地从一点转移到另一点。用户对信息的知觉处理过程及认知处理过程，主要包括视觉发现、区分、识别、记忆及认知方面的回忆、含义理解、记忆等方面。

用户认知图标是用户与图标之间的交互过程。用户的知识水平、经验程度、理解能力、生理特征等方面会影响对图标的感知和理解；反过来，图标的符号特性、交互方式、使用环境及系统特点等方面又会影响用户。因此，图标的实际使用和认知取决于许多因素的制约和干扰，包括图标符号性特征、用户的知觉特征等。

一、图标符号性特征

1. 用户界面图标符号是形象思维的表现

符号及其象征事物之间必须有一个共同的逻辑形式。因为符号可以代表自身之外的事物，我们可以将符号的意指系统简单表达为"能指—所指"。因此，图标符号代表一个系统，可以称为"形式—意义"。引入计算机系统的图标概念被视为表示程序、文档、函数或其他替代方案的概念符号，也是某种功能或之类的替代物。界面中的图标是为人机交互更易实现而设计的图形或符号。

符号学的方法其实就是对能指与所指关系的研究。图标符号性特征是对图标形式与意义的研究，或者将可见的图标符号形式（能指）还原为不可见的符号意义（所指）过程。这一还原过程通常分为三个阶段：首先，把图标符号还原为能指与所指的组合，如形态、颜色、材质、图形符号、技术等；其次，把图标符号能指与所指的关系表达还原为其生成的意义，包括含义和内涵，也包括外延意义和内涵意义。即图标符号是什么意思？所运用的是图像性手法，还是指示性手法，还是象征性手法；最后，把图标能指、所指及其意义构成关系还原为这种构成关系赖以生存的社会文化编码。随着iOS 7的出现，人们越来越重视符号理解教育，就像卫生间图标进化为男女图标一样，iOS 7的出现也加深了人们对符号的理解。

2. 图标是一种图形符号

图形符号的传播信息的特征也适用图标设计。图形符号在界面设计中有着广泛的应用。当人们感知到这些图形符号时，它们总是与日常生活经验自然地联系在一起，因此图形符号的形象和直观性是显而易见的。图形符号传递信息的速度和体积远大于抽象信息。另外，图形符号具有形状、意义、色彩等多种刺激，所以具有易于吸收和抗干扰等特点。

界面设计中使用的图形符号是内容高度概括和显示的结果，因此要传输的图形和信息元素具有形似或神似的特性。图形符号识别的速度和精度与图形符号的视觉特征数量有十分密切的关系。然而，应当指出，并非所有图形符号都是越简单就越容易识别。有这样一个实验：选用三类符号，这些符号所包含的信息量基本相同，在此基础上考察其辨识率；第一类为简单符号，只有必要的形状特征，这些形状特征是唯一进行识别的参照点，如三角形、梯形等；第二类为适中符号，除一些基本形态特征外，还有一些比图形更为形象的辅助特征，如一些细节要素，这些细节要素能帮助人们将图形符号与日常生活经验形成联系；第三类是复杂符号，这些符号除具有主要视觉特征和辅助特征外，还增加了许多容易混淆的说明性特征；将这三类符号选定量的人进行辨识实验，并从呈现时间、感觉—语言反应周期、误读率三个指标来考察这些符号的辨认速度和准确率。实验结果见表8.5.1。

表8.5.1　符号辨认实验结果

辨认速度和准确率指标	符号		
	简单符号	适中符号	复杂符号
呈现时间/s	0.034	0.053	0.619
感觉—语言反应周期/s	3.11	2.70	3.13
误读率/%	10.8	2.2	2.5

二、用户的知觉特征

人类认知过程的起点是知觉，它包括感觉、知觉组织和识别三个阶段。

感觉的信息中被人们注意到的那部分才能被识别。

知觉是人作用于感觉器官的客观事物的各种属性和各个部分的整体反应，是感觉的升华。知觉是指在视觉和感觉的基础上，在已有知识经验的参与下，对客观事物输入的信息进行命名和解释的过程。

知觉特性有4个方面：选择性、整体性、理解性、恒常性。人们对于图标的识别和判断包括以下三个方面：

（1）形式与结构的识别和记忆：图标的形式是指亮度、色彩、纹理、质感、尺度和体量。

（2）语义的识别和记忆：感性特征：形式要素和构成方式单个主题的感性体验；功能特性：与

使用目的相关的内容和结构的描述。

（3）抽象的识别和记忆：如文化意味。

第六节　用户认知与图标隐喻的关系

修辞学中把两个事物在特征上存在某一类似之处而用其中一个事物（喻体）来指代另一个事物（本体）的修辞方式称为隐喻。隐喻在图标设计中是一种基本的造型观念和重要的表现途径。在界面中，隐喻是通过图形符号来表现的，图形符号在文字被人类发明之前就发挥着传递信息的功能。在设计图标时，设计师有效地利用人们的生活经验，用隐喻来表达他们赋予图形符号的内容。用户对隐喻图标的认知是一种复杂的态度，也是人们不断探索的过程。隐喻作为一种界面设计方法，在图标设计过程中需要注意以下原则。

一、选择合适的隐喻对象

由于隐喻的创造方式基于人们在现实生活中的实际经验，因此通常不需要接受专门或特殊的培训来理解图标传达的含义。图标的隐喻源于日常生活经验，因此易于理解和识别。如计算机桌面上的文件夹和一页页纸代表的文件，它们的关系与日常生活中是一致的——文件放在文件夹里。人们在初次使用时就会对这些形象产生某种亲切感，有效地减少认知的摩擦，这样的隐喻对象就是合适的。

二、隐喻手法与用户认知保持的一致性

对于普通的隐喻元素，如放大镜功能、空白文件图标指向新建文档的隐喻、垃圾桶隐喻功能等，不能轻易改变，必须充分尊重用户习惯，用户在使用产品前已经具备了大量经验知识，图标隐喻应该与生活中产品工作原理保持一致，这样用户才有可能形成正确的心理模型。例如，人们在当前大部分操作系统中删除文件的操作是把要删除的文件扔进垃圾箱，设计者不需要向人们解释如何分辨空垃圾箱和有垃圾的垃圾箱，用户认知足以分辨两者的差别。

三、考虑用户对隐喻的跨文化认同

（1）要考虑目标用户想象中不同隐喻的表现方式。图标符号隐喻通常是建立在社会人的基础上，在图标的创造过程中提供跨文化身份的视觉形象的认同。

（2）必须考虑目标用户所认为的不同隐喻的表现方法。例如，在西方社会中具有"ok"意思地伸出大拇指的手势，如果用来表示具有"同意"含义图标，在中东地区会变得极其无理；如图8.6.1所示的邮票，在全球范围内都是信件上所必需的邮资凭证，虽然它有不同的视觉形式，但基本的形

态是一致的，并为人们所熟知，看到邮票，任何国度的人都知道它与信件有关，那么邮票就非常适合被隐喻成计算机中的E-mail功能；乡村邮箱也是绝好的创意，如图8.6.2所示为各种不同形态的乡村邮筒，但使用一个乡村邮筒比使用一枚邮票难以辨认。

（3）图标设计要想获得良好的用户体验要恰当地运用隐喻。运用隐喻不能片面追求"酷"，视觉设计需要在创意和实现功能中求得平衡。使用隐喻时，要注意两方面的问题：一是过分精美的隐喻图标会使用户注意力过多停留在图标本身而不是功能；二是隐喻的不唯一性，在选择隐喻对象时，要保证图形符号意义的单一性，如果隐喻对象具有多个不同的意义，则会给用户带来认知负担和错误理解。

图8.6.1　邮票　　　　　　图8.6.2　不同形态的乡村邮筒

第七节　情感化设计

一、情感化设计水平

了解格式塔会让设计师把界面做得更加符合用户的心理预期，让用户能够明显地找到他想要运用的操作。但是用户还有其他需求，用户希望看到好看的界面。设计师是否陷入一个矛盾：可用性重要还是美感重要？如何使界面设计美观又实用呢？情感化设计最先由唐纳德·诺曼博士提出，指的是设计中情感在所处的重要地位，以及如何让用户把情感投射在产品上来解决可用性与美感的矛盾。情感设计的目的是抓住用户的注意力，激发情感反应，提高行为执行能力。例如，一个巨大的红色按钮会无意识地吸引用户的注意力；一幅漂亮的漫画可以缓解用户在网络不好的时候的焦虑等。

情感化设计有三个水平，它们是递进关系，分别是本能水平（重视设计外形）、行为水平设计（重视使用的乐趣和效率）、反思水平设计（重视自我形象、个人满意、记忆）。

1. 本能水平

人类本身就是视觉动物，对美的事物观察和理解是出于人们本能的。本能水平的设计就是刺激用户的感官体验，让别人注意到设计。这个阶段的设计会更加注重视觉效果，例如，各大电商网站的专题页面设计的重点更多地放在视觉设计上。

2. 行为水平

行为水平是功能性产品设计需要注重的。一个产品是否达到行为水平，要看它能否有效地完成任务，是否是一种有乐趣的操作体验。优秀行为水平设计的四个方面：功能性、易懂性、可用性和物理感觉，如好用的记账App等。

3. 反思水平

反思水平的设计与用户长期感受有关，这种水平的设计建立了品牌感和用户的情感投射。反思水平设计是产品与用户之间情感的纽带，通过互动给用户自我形象、满意度、记忆等体验，让用户形成对品牌的认知，培养对品牌的忠诚度。

马斯洛理论把人的需求分成生理需求、安全需求、社交需求、尊重需求和自我实现需求五个层次。反思水平的设计就是提供给用户归属感、尊重、自我实现，如谷歌每逢节日就会有一些符合节日化的设计，网易严选的空状态也会有品牌感的体现等。

二、情感化设计的表达

（1）画面：画面是情感化设计的重点，错误页面或空状态都可以成为一幅可爱的插画。

（2）应景：让用户在产品中体验到一些和真实世界一样的感受变化。

（3）游戏感：没有人喜欢做任务，试着让用户把完成任务当成游戏，如每次登录加"金币"，有足够的"金币"就可以获得相应称号。

（4）冲突：冲突非常能勾起人的情绪，营造一个竞争或对抗的氛围，让用户感觉自己置身在一个比赛或格斗中。

（5）讲故事：给产品和无聊的图片一些故事设计，毕竟没有人会讨厌看故事。

（6）隐喻：用一些人们理解、随处可见的事物表达一些无趣、生涩的概念。

（7）互动：给用户和其他用户多制造互动机会，如排行榜、推荐等，不要让用户感觉孤独。

第八节　UI交互八原则

一、费茨定律

费茨定律指的是光标到达一个目标的时间，与当前光标所在的位置与目标位置的距离（D）和目标大小（S）有关。它的公式是：时间$T=a+b\log_2(D/S+1)$。这个定律是由保罗·费茨博士（Paul M.Fitts）提出的，所以得名。费茨定律在很多领域都得到了应用，特别是在互联网设计中尤为深远。利用费茨定律估算用户移动光标到链接或按钮所需的时间，时间越短越高效。例如，有一个按钮在左下角，用户的操作可以细分为两个阶段：第一个阶段大范围移到左下角；第二个阶段做微调到达这个按钮之上。因此，这个时间取决于按钮和链接的位置和大小，也就是说，在设计时，我们必须考虑默认光标的位置及链接按钮是否太小。

二、希克定律

希克定律是指一个人面临的选择（n）越多，所需要做出决定的时间（T）就越长。它的公式是：反应时间$RT=a+b\log_2 n$。

在设计中如果给用户的选择越多，那么用户所需要做出决定的时间就越长。例如，给出用户"菜单—子菜单—选项"，那么用户可能会很纠结；如果简化成"菜单—选项"，就会减少用户做选择的时间。

三、防呆原则

有一本交互书籍的名称为DON'T MAKE ME THINK，书名的中文翻译为《不要让我思考》。有一句话在做设计时要牢记：不要认为用户是专家!有时设计师会觉得，"点击三个点的图标当然就是更多啊!""这个按钮长按不就会弹出某功能了"。但是，普通用户可能不明白什么是更多的图标、什么是Tab切换、什么是双指滑动。另外，普通用户不会花太多时间学习App，在他们看来，产品只是众多应用程序中的一个。因此，必须确保交互和设计简单，用户可以从其他地方"学习"到。每个页面都强调一个重要的功能，而不是让用户做选择。这些都是有效防呆的好方法。"防呆"和"不要让我思考"都体现了设计要自然而然。

四、防止不耐烦原则

用户是很容易不耐烦的，如果想让用户等待下载信息，需要提供情感上的建议，以避免用户不耐烦情绪。例如，在许多游戏中，加载动画时，动画会出现主角跑步的小动画，美团等App下拉刷新时，也有动画帧来安慰用户。动画要好于苹果默认提供给开发的"转菊花"，因为卡通形象更有亲和力。无论如何，这些好像还不够，用户需要掌控感，为保证用户的掌控感，设计师可以为用户设计启动条或下载提示。加载状态项在许多情况下是不真实的，甚至是重复的，因为实际上要精确判断加载了多少兆的素材的代码会更占资源，本来是想安抚用户等待加载的时间，可竟然会变得更长，这是不可取的。于是很多时候设计师会做个假的加载状态条来安抚用户，你一定看到过反复加载的加载条吧!加载条下的文案也是可以变得非常有情感化的设计，例如通常是"加载场景资源""加载素材"这样的文案，但是有些App需要很长的加载时间时会给出这样的文案，"导演正在准备""女主角准备化妆了""摄像师打开了灯光"，是不是更加好玩？

五、7±2法则

让我们先玩个游戏，请记忆括号内的文字，一分钟后移开视线：（不知多可忘人心惶才能江留）现在闭上眼睛想一下刚才的文字你能回忆几个?也许是5~9个。1956年美国科学家米勒对人类短时记忆能力进行了研究，他注意到年轻人的记忆广度为5~9个单位，就是7±2法则。这个法则运用在进行界面设计时，如果希望用户记住导航区域的内容或一个路径的顺序，那么数量应该控制在7个左右，如苹果和站酷网站的导航个数。另外，手机端底部Tab区域最多也是5个，而安全区域里的图标是8个。苹果、站酷、Dribbble等网站导航数量全部是7±2。

六、泰思勒定律

泰思勒定律是指产品固有的复杂性存在一个临界点，超过了这个点过程就不能再简化了，我们只能将这种复杂性转移。例如，我们发现页面的功能是必须存在的，但当前的页面信息超载，那么就需要将次要的功能收起或转移。

七、奥卡姆剃刀法则

奥卡姆剃刀法则主要说的是我们在做产品时功能上不可以太烦琐，应该保证简洁和工具化。例如，产品中为用户提供了"收藏"功能，是否就不需要"喜欢"了？提供了"喜欢"是否不需要"点赞"了？一定保证功能上的简洁明了。

八、防错原则

通常情况下表格需要填写完毕后才能提交。一些用户有时会漏填或忘记填写，这时用户点击"提交"会出现什么情况呢?很可能有些选项会被清空（如密码选项基于安全考虑会清空cookies），那么用户还得重新填写。这时解决办法是在用户没填写完之前把提交按钮设计成不能点击（如用灰色表示，相信用户都碰到过这种设计），或者用户想提交时弹窗提醒："您还有内容没有填写完哦"，然后把用户定位在没填写完的项目，让那个表单非常明显。再如推特（Twitter）只允许用户填写140个字，但用户往往会超出140个字（除中文、日文和韩文外已提高上限至280个字符），那怎么办呢?解决办法是在输入框旁边设计倒数功能（微博也是这么做的）。

这些都是为了防止用户操作出现错误所做的努力，防错设计就是要减少错误操作所带来的灾难。错误的提示需要设计师设计，可是有些错误提示含糊，用户并不知道到底错的是哪里，下一步该怎么办。如仅仅登录功能就可能会有用户名错误、密码错误、网络超时，连续三次输入密码错误、用户名为空等不同的错误，而有些产品仅给出"出错了"，那么用户会不知所措。在登录某知名App时输错了密码，它提示"密码输入错误，提示：您在1周前曾改过密码"。

参考文献 References

[1] 常丽，李才应．UI设计精品必修课［M］．北京：清华大学出版社，2019．
[2] 余振华．术与道：移动应用UI设计必修课［M］．北京：人民邮电出版社，2016．
[3] 何天平，白珩．面向用户的设计：移动应用产品设计之道［M］．北京：人民邮电出版社，2017．
[4] 张晨起．Photoshop移动UI设计［M］．北京：人民邮电出版社，2016．
[5] Art Eyes设计工作室．创意UI：Photoshop玩移动UI设计［M］．北京：人民邮电出版社，2016．
[6] 杨谊．Android移动应用开发［M］．北京：人民邮电出版社，2019．
[7] 周宪．视觉文化的转向［M］．北京：北京大学出版社，2008．
[8] ［美］Steven Hoober，SEric Berkman．移动应用界面设计［M］．林敏，等，译．北京：机械工业出版社，2014．
[9] 徐恒醇．设计美学［M］．北京：清华大学出版社，2006．
[10] 欧冬梅．基于视觉传达的移动端UI界面视觉设计方法［J］．信息与电脑（理论版），2022，34（07）：10-12．
[11] 黄先科．手机App界面设计与布局［J］．信息与电脑（理论版），2017（05）：154-156．
[12] 贾丽娜．移动互联网软件产品中的UI设计探讨［J］．电子商务，2020（10）：66-67．
[13] 张雪铭，赵晓明．设计美学在移动应用UI界面设计中的体现［J］．设计，2018（07）：40-41．
[14] 郑惊涛．平面设计视觉传达效果和中国传统美术色彩分析［J］．设计，2015（24）：116-117．
[15] 何建华．UI视觉设计中色彩和图形的审美分析［J］．美术教育研究，2022（02）：80-81．
[16] 黄超，谭美玲，柯文燕．手机UI界面的色彩搭配研究［J］．科技创新与应用，2016（19）：74．
[17] ［英］海伦·夏普，［美］詹妮弗·普瑞斯，［英］伊温妮·罗杰斯．交互设计：人机交互［M］．北京：机械工业出版社，2020．
[18] 肖睿，杨菊英，李丹．移动UI界面设计［M］．北京：人民邮电出版社，2020．
[19] ［英］娜塔莉·纳瀚．UI设计心理学［M］．王尔玺，译．北京：中国人民大学出版社，2020．
[20] 吕云翔，杨婧玥．UI设计：Web网站与App用户界面设计数据［M］．北京：清华大学出版社，2019．
[21] 常方圆．用户体验设计［M］．南京：南京大学出版社，2019．
[22] 杨焕．智能手机移动互联网应用的界面设计研究［D］．武汉：武汉理工大学，2013．
[23] 何晓佑．设计驱动创新发展的国际现状和趋势研究［M］．南京：南京大学出版社，2018．
[24] 王晨升．用户体验与系统创新设计［M］．北京：清华大学出版社，2018．
[25] 张亚敏．网页美术设计原理及实战策略［M］．2版．北京：清华大学出版社，2016．

［26］张伟. 在用户行为中寻找灵感［J］. 商界（评论），2012（06）：60-63.

［27］善本出版有限公司. 产品极简主义［M］. 武汉：华中科技大学出版社，2016.

［28］路长全. 品牌背后的伟大两极［M］. 北京：机械工业出版社，2008.

［29］黄海. 虚拟现实技术［M］. 北京：北京邮电大学出版社，2014.

［30］薛生健，张国英，韩晓龙. 视觉艺术的表现手法［M］. 北京：机械工业出版社，2012.

［31］［日］原田秀司. 多设备时代的UI设计法则：打造完美体验的用户界面［M］. 付英平，译. 北京：中国青年出版社，2016.

［32］梁哲. 交互设计［M］. 石家庄：河北美术出版社，2016.

［33］［英］Karl Wiegers，Joy Beatty. 软件需求［M］. 3版. 李光利，李淳，霍金健，等，译. 北京：清华大学出版社，2016.

［34］黄岩. UI设计与制作［M］. 上海：上海人民美术出版社，2016.

［35］数字艺术教育研究室. UI设计参考手册［M］. 北京：人民邮电出版社，2016.

［36］张晓景，胡克. 移动应用UI设计［M］. 北京：人民邮电出版社，2019.

［37］韩广良，王明佳，武治国. Photoshop网站UI设计全程揭秘［M］. 北京：清华大学出版社，2014.

［38］［美］Maggie Machab. 源于自然的设计：设计中的通用形式和原理［M］. 攀旺斌，译. 北京：机械工业出版社，2012.

［39］贾弯. 极简主义风格在UI设计中的应用与价值探究［J］. 艺术科技，2016，29（03）：276.

［40］李靓. 大学生心理疏导微信小程序界面设计［D］. 长沙：中南林业科技大学，2021.

［41］程倩. 基于用户体验的组合式智能会议桌设计研究［D］. 武汉：湖北工业大学，2021.

［42］汪涛，丁诗萌. 浅析UI设计中极简主义风格的运用［J］. 中国包装工业，2014（22）：24-25.

［43］杨曙光. 平面设计中极简主义风格的表现手法［J］. 大舞台，2014（11）：84-85.

［44］黄方闻. 动静之美：Sketch移动UI与交互动效设计详解［M］. 北京：人民邮电出版社，2016.

［45］房雅珉. 探讨智能家居产品中的交互设计应用［J］. 大众标准化，2022（02）：111-113.

［46］葛田. 基于移动UI界面的交互式设计探索［J］. 电脑知识与技术，2019，15（09）：207-208.

［47］陈武晓，梁丹丹. 基于用户体验的移动端UI交互设计探究［J］. 计算机产品与流通，2020（08）：26+28.

［48］何峰. 智能家居交互平台系统研究［J］. 科技创新与应用，2022，12（18）：42-45+50.

［49］王铭旗. 基于"使用与满足"理论的移动App交互设计研究［D］. 吉林：东北电力大学，2022.

［50］武蓉慧. 基于用户体验的教育类微信小程序界面视觉设计研究［D］. 郑州：中原工学院，2022.